提升國際交流能力的日語教科書

こんにちは
你好 ③ 教師手冊

國中小學
高中職　　適用的第二外語教材
社區大學

東吳大學日文系

陳淑娟教授　著

撰寫大意

一、本教材係依據教育部 107 年 4 月公布之《十二年國民基本教育課程綱要國民中學暨普通型高級中等學校語文領域－第二外國語文》撰寫，提供日語課程素養導向的具體教學內涵。

二、本教材適用於國中小、或高中階段從入門開始第二年的 A1-2（Level-2）學生。本教材共 8 冊，每學期授課 36 小時者適用 1 冊。本書為第 3 冊，適合已上過 72 小時的學生使用，全冊包含 8 個 Unit，教師可搭配其他學習資源，靈活運用本書。

三、本教材以 CEFR 教學觀設計，重視「學以致用」，在「語言活動」中學會使用日語的原則撰寫，融合主題與溝通功能，本冊主題為「在地國際化」，以台灣在地文化出發，設計接待日本姊妹校來訪，或入班學習時使用的日文，培養學生聽、說、讀、寫的能力，比較台日文化，達到「在地國際化」的目標。

四、本教材與傳統教材不同，不限定學習的內文。注重從學生真正使用日語的情境出發，在實際的運作中啟發學習興趣，搭配學生喜愛的插畫風格，讓學生準備在「國際教育」中能使用日語，設計跨國學生之間的各種對話情境，教師隨機選擇，每課斟酌所需，依學生需求彈性增減，印製內頁當圖卡或其他必要講義。

五、本教材採用螺旋式學習設計概念，提供學生複習機會的同時，每個階段逐步增加新的學習內容。

六、本教材提倡形成性評量，每課讓學生寫自我評量，教師依學生課堂參與度，以及學習單、練習冊表現評量結果，呈現「學習歷程檔案」，使學生順利銜接下一個學習階段。

七、本教材分為「聲音檔」、「課本」、「教師手冊」、「練習冊」4個部分，學生擁有「聲音檔」與「課本」、「練習冊」3個部分。

八、每個 Unit 由 6 至 7 頁組成，皆明示「學習目標」，與「對應二外課綱」，透過「聞いてみよう」、「語句と表現」、「やってみよう」、與「読んでみよう」、「練習しよう」、「ポートフォリオにいれよう」等各種學習步驟，熟習語言運用，達成學習目標。

九、「學習目標」揭示該 Unit 的「Can-do」，明示學生於本課學會的使用能力，並讓學生在「ポートフォリオにいれよう」自我評量確認達成度，「對應二外課綱」則清楚表示本 Unit 與課綱的「核心素養」、「學習表現」、「學習內容」的對應項目。請參照《十二年國民基本教育課程綱要國民中學暨普通型高級中等學校語文領域—第二外國語文》。

十、「聞いてみよう」讓學生先聽聲音，本教材主張「先聽後學」，聽聽看本課自然的說話聲音，熟悉一下「音」，再進入主題學習，因此這部分非本文，是暖身活動，請教師讓同學看圖、聽聲音，推測到底說些什麼；「語句と表現」為該課的新字詞或句型結構；「やってみよう」是任務型、調查型的學習活動，讓學生透過小組互動，使用日語發表，教師需要指導日文語境與文脈，尊重每位學生表達內容的不同。

十一、練習冊裡的「練習しよう」是句型與問答的書寫練習，請教師
　　　批閱並訂正；單字或句型進行了 2～3 課之後教師可測驗聽
　　　寫，加速日文聽與書寫能力；「ポートフォリオにいれよう」
　　　則是蒐集學生的作品成果，例如 Can-do 自我評量表、學生做
　　　的卡片、以日文寫的小品、小考試等皆可收錄在「學習歷程檔
　　　案」裡。

十二、「聞いてみよう」內的日語會話內容皆呈現在教師手冊裡，學
　　　生聽懂即可，「やってみよう」的對話句在課本內，一部分在
　　　教師手冊，請教師視班級狀況，選擇用得到的單字與表達指
　　　導，彈性選擇問句或對話句。活動的目的是讓學生在實際運作
　　　中，自然學會，提醒教師上課前務必沙盤推演，備妥教具，確
　　　認環節相扣的步驟，依人數分組設計，以利學生透過各種互動
　　　的活動運作，學會使用日語。「読んでみよう」讓學生熟悉文
　　　本，是練習從文脈中擷取訊息重點的閱讀方式。

十三、本教材主張自然對話，學生充分利用聲音檔，學會日語發音。
　　　請教師上課中控制單字、句型或文法講解的時間，每堂課確實
　　　讓每位學生透過活動達到充分使用日語的目標。

給老師們的話

敬愛的日語老師們：

　　首先，感謝您選擇使用本書！作者參與《108 十二年國教第二外國語文領域課綱》研修經驗，瞭解台灣市面上缺少具「實作性」、「銜接性」、「社會性」、「效能性」並適合義務教育的日語教科書，因而啟動撰寫本系列「こんにちは　你好」1 ～ 8 冊的教材。本系列涵蓋 CEFR（歐洲共同語文參考架構）基礎級 A1 ～ A2，亦即 108 第二外語新課綱的 Level-1、Level-2、Level-3、Level-4 的 4 級別，而本書正是適合 Level-2（A1-2）（第 2 學年的上學期累積共 108 小時）中的上冊（即第 3 學期 72 ～ 108 小時），是本系列教科書 8 冊中的第 3 冊。

　　新課綱的核心素養是「自發」、「互動」、「共好」，此為 21 世紀青少年必須具備的能力與態度。本教科書根據此教育理念，設計各式各樣的日語學習情境、合作互動、發表活動，期待透過教師的指示引導，讓學生在與同儕互動中，學會人際溝通的日語能力，此即為本系列教材的基本信念。本書適用於國中小、高中職、大學的第二外語與其他的社區大學等日語課程。

　　一般傳統的日語教學偏重「認識語言」，教師的責任就是「教一本書」，清楚解說課本內的字詞、句型、文法原則，帶著同學不斷地練習再練習，但是這種教學法，鮮少能培養口說溝通能力。而本教材注重學生「使用語言」，教師的責任是設計溝通互動的實作活動，讓每位學生透過使用日語，進而學會日語，同時請教師積極為學生們尋找使用日語的機會，例如日本姊妹校來訪時入班學習、安排日本人當

學伴、持續用 Skype 視訊交流，或邀請鄰近大學的留學生來班上作客等，創造自然使用日語的環境，讓學生在「真正的語言使用中」，產生樂趣與信心。另外，教師投出問題，讓同學查詢，整理答案後報告，也是培養自主學習的好方法。

2011 年教育部發布《中小學國際教育白皮書》，揭示「國家認同」、「國際素養」、「全球競合力」、「全球責任感」四大目標與次第，而培養學生「具備國際視野的本土文化認同與愛國情操」向來被台灣日語教科書所忽略，鑑於中等教育階段台日間的國際交流互動日益頻繁，本教科書第 3 冊，以「在地國際化」為主軸，持續為學生建構日語學習舞台。

本教材特色之一是貫徹「學習成果導向」理念，讓學生「自主學習」。請教師備課時確認每一課、每一個活動的「學習目標」，同時也讓同學們熟知本課的目標，而活動即為了達成該目標而展開。每學完一課，學生達標與否，以「自我評量」模式讓學生自行申告，亦即為自己打分數，每項以 1 ～ 5 顆星（5 顆星為滿分）呈現。而這個成績就是「學習歷程檔案（ポートフォリオ）」中的一頁，學生若未能達標，協助同學自我補強，或找同學練習，至自己滿意再填寫「自我評量」，培養學生「自我管理」、「自主學習」的習慣。

本書對聽、說、讀、寫 4 技能的習得順序，採「自然習得」的信念，即以聲音的「聽」為優先，「說」次之，因此「聞いてみよう」內容雖還沒學過，但同學知道本課主題，先試著聽聽看，推測說些什

麼？同時課堂中請教師盡量使用日語引導，反覆使用學生聽得懂的「教室用語」，且每課可稍累加。教師引導學了「語句と表現」之後，再進行「說」的各種活動。至於單字、句型與文法的解說，視學生表達的需求指導，每課重要的句型請以板書或 PPT 解說。重要句型的書寫在《練習冊》中應能充分練習，請老師批閱「練習しよう」，並給予正面回饋。偶爾進行聽寫測驗，增強聽與書寫能力。

　　本書能撰寫完成，端賴東吳大學碩博士班專攻「日語教學」，也已投入教育現場的老師們，廖育卿、彥坂はるの、芝田沙代子、田中綾子、山本麻未、今中麻祐子、鍾婷任（敬稱略）的貢獻功不可沒。她們協助設計適合中等教育階段學生的教室活動，也親自在自己任教的日語班級實驗，確認其可行性與有效性，才有今日能呈現給各位的風貌，對她們的教學熱忱在此致上最深的謝意。同時，也期待今後能與使用本教材的教師們相互切磋，敬請隨時不吝給予指教，我們需要使用本書的回饋意見，以利未來修正。相信您我的努力，可為提升台灣新世代的日語教育，共盡棉薄之力！

陳淑娟 敬言

2019.07.06

如何使用本書

　　本冊是為中等教育階段學校「在地國際化」的日語課程設計，日本學生來台參訪姊妹校的機會日增，國際教育已成為主流，本冊設計在台與日本人接觸時的各種談話活動內容。《こんにちは 你好 ③》包含「課本」（附QR Code，可掃描下載 MP3 音檔）、「練習冊」、「教師手冊」共 3 冊成一套，請學生使用「課本」跟「練習冊」。每一課的結構是「聞いてみよう」、「読んでみよう」、「語句と表現」、「やってみよう」、「練習しよう」、「ポートフォリオにいれよう」6 大部分組成，以下說明本書教學活動的順序。

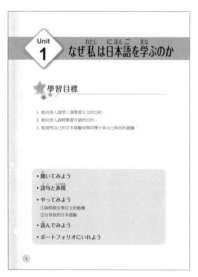

Step 1

準備：

　　請教師熟讀該課的主題、學習目標，思考學生需求，確定教室活動流程，準備教具，掃瞄 QR Code 下載 MP3 音檔，或提供另外需要印製的教具。

Step 2

暖身活動：

　　教師說明本課主題，詢問學生相關經驗，討論什麼情境用得上。與學生共同確認「學習目標」，提醒學生學完這一課時將填「自我評量」，並確認要達成的目標項目有哪些。

Step 3

聽聽看：

　　讓學生看圖討論課本情境圖的內容，播放 MP3「聞いてみよう」讓學生聆聽，推測說話內容。「聞いてみよう」並非課本的會話文，目的是訓練學生從情境插圖及語音中推測聽取意義，學生聽懂即可，尚不需跟讀。這是「理解語言」（聽懂即可），非「使用語言」（說得出口），讓學生習慣沉浸在日語聲音中，教師經常使用學生聽得懂的「教室用語」指示，能大大促進學習的效果。學習興趣高的班級可模仿內容，或改寫內容進行日語短劇演出。

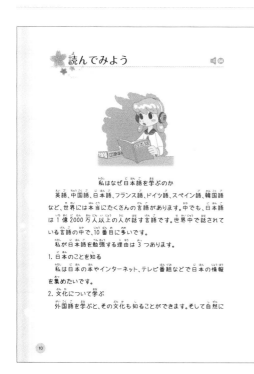

Step 4

讀讀看：

　　本冊新增「読んでみよう」，讓學生熟悉文本，教師引導學生快速閱讀全文，並找出文本提到的議題或事物是什麼。老師依文章用日語先設計問題，例如「誰が」、「何を」、「どういうように」、「いつ」、「どこで」、「どうして」，讓學生找答案，劃下線閱讀。之後讓兩位學生一組，對答案或討論答案。

Step 5

唸唸看：

　　教師說明本課的「語句と表現」，聽單詞與句子，教師請利用圖卡、板書或 PPT 反覆讓學生熟悉新句型整體的音韻，拆解句子解釋結構，利用文章的文脈解說句子與句子、段落與段落的結合關係，以板書或 PPT 讓學生瞭解句子結構，用「直接教學法」以日語疑問句詢問，讓學生代換練習等，學生應熟悉本課必要句子的文法。由教師帶動全班朗讀，再播放 MP3 的「語句と表現」，請同學跟讀數次，或兩人一組互相進行「你唸我聽」練習。另外，指導學生學會使用電子字典，隨時查閱自己想表達的日語怎麼說、看到的單字是什麼意思，是本冊應學會的學習策略。

Step 6

做做看：

　　利用課本中的「やってみよう」，確認活動任務是完成什麼，帶動全班使用日語。這是本教材的特色，在實際使用中學會日文。例如「詢問朋友學日文的動機」或「分享我的日本經驗」活動，教師鼓勵同學們說出心聲，交換意見，在一定的活動時間內，鼓勵學生與多人互動，全班在反覆互動中，達成「能自然使用日語」的目的。

「假期大不同」等活動，讓同學分組查尋不同國家的假期資訊，比較相同、相異處，並表達自己感想。讓同學動手看日本網頁或英文網頁，獲得新知，綜合全班的資訊，自行歸納出異同，培養學生的國際觀。

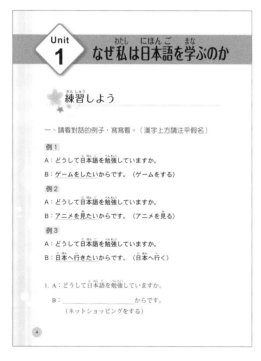

Step 7

寫寫看：

本冊的《練習冊》是「練習しよう」，不只練習單字與表達法的書寫而已，藉由「看對話的例子寫寫看」進行本課的新句型練習，以「用日文回答看看」將課堂內已學會口說的部分，用日文寫出，並標注假名，慢慢培養日文書寫能力。附有解答，請教師批閱作業，給予正面回饋。本書主張「自然日語」，因此以常體的辭書型提示造句。請教師務必指導練習冊 P46 附錄的「動詞的活用表」，讓學生學會動詞變化的方式並能查閱各用法。

Step 8

使用聲音檔：

　　本冊的「聞いてみよう」對話句、「語句と表現」的單字跟表達法、各種發表例句等，較前兩冊結構複雜且文脈長，教師引導學生在家複習，每課聽 MP3 跟讀 3 遍，在反覆讀誦中學生自然熟悉日語語音的韻律感與節奏感，可增強聽辨能力，且日語的口語表達能力將日趨精熟、流暢。

Step 9

學習歷程檔案：

　　「ポートフォリオにいれよう」即為學習歷程檔案，採學生「自我評量」模式，最大的意義是讓學生學會「自我管理」，知道離「學習目標」還有多遠。同時自我補強，練習到自己滿意為止，再填滿 5 顆星。因應 12 年國教新課綱的實施，本書設計的「學習歷程檔案」為簡易紙本版，未來教師應善用教育部國教署「個人學習歷程檔案」機制，蒐集學生的日語學習成果，內容包含「自我評量」、「同儕評量」、「學習護照（例如國際交流活動的紀錄等）」、「學習單」、「壁報作品」、「卡片」、「成果展」、「口頭發表的影音檔」等，彙整以上資料，讓學生日後升學時提出，順利銜接下階段的日語學習。

目次

なぜ私は日本語を学ぶのか

（わたし　にほんご　まな）

「學習目標」

1. 能向別人說明三個學習日文的目的。

2. 能向別人詢問學習外語的目的。

3. 能說明自己的日本經驗或與同學分享自己特別的經驗。

「對應二外課綱」

核心素養：

外 -J-A1 具備認真專注的特質及良好的學習習慣，嘗試運用基本的
學習策略，精進個人第二外國語文能力。

外 -J-B1 具備入門的聽、說、讀、寫第二外國語文能力。在引導下，
能運用所學字母、詞彙及句型進行簡易日常溝通。

外 -J-C2 積極參與課內及課外第二外國語文團體學習活動，培養團
體合作精神。

學習表現：

1- Ⅳ -9 能聽懂課堂中習得的對話。

2- Ⅳ -7 能說出課堂中習得的日常語句。

3- Ⅳ -10 能了解文本中對話的主要內容。

3- Ⅳ -11 能閱讀日常生活中簡單的短文。

4- Ⅳ -4 能寫出課堂中習得的詞彙及語句。

5- Ⅳ -5 能聽懂日常生活應對中常用語句，並做適當的簡短回應。

6- Ⅳ -4 樂於參與各種課堂學習活動。

6- Ⅳ -5 樂於回答教師或同學提問的問題。

8- Ⅳ -1 能將所學字詞作簡易歸類。

8- Ⅳ -4 能以條列式的陳述，表達訊息內容。

學習內容：

Ac- Ⅳ -5 應用詞彙。

Ac- Ⅳ -6 認識詞彙。

Ad- Ⅳ -2 簡易常用句型的文法介紹，及日常對話的應用。

Ae- Ⅳ -3 應用結構。

Ae- Ⅳ -4 認識結構。

Af- Ⅳ -4 條列式陳述。

Bc 學校生活

「聞いてみよう」

1. A：日本人　B：台湾人

　　A：日本語が上手ですね。

　　B：いえいえ。

　　A：どうして日本語を勉強しているんですか。

　　B：私は日本のアニメやマンガが大好きですから、日本語を勉強しています。

2. A：台湾人　B：日本人

　　A：すみません。日本の方ですか。

　　B：はい。アイちゃんに会いに大阪から来ました。

　　A：わざわざ大阪から、すごいですね。

B：いえいえ。日本語が上手ですね。

A：アイちゃんと話したいから、日本語を勉強しています。

3. A：日本人　B：台湾人

A：この歌、知ってる？

B：あ、聞いたことある。ドラマの主題歌だっけ？

A：歌詞がいいんだ。

B：へー、歌詞の意味、知りたいなあ。

4. A：台湾人　B：日本人

A：先生、私、将来日本に留学したいんです。

B：そうなんだ。日本で何を勉強したいの？

A：んー、わからないんですけど。

B：何に興味があるの？

A：えーと、日本のファッションが好きです。

B：そうですか。じゃ、今は一緒に日本語を頑張りましょう。

「語句と表現」

友達を作る・友達とおしゃべりする・メールを読む・ゲームをする・日本へ留学する・日本へ旅行する・バラエティ番組を見る・アイドル・声優のことを知る・ネットショッピング・もう一つ・外国語を学ぶ・キャラクターのグッズ・着物の帯・気に入っている・世界中・宝物・探す

「やってみよう」

活動一：「詢問朋友學日文的動機」

學習目標：

1. 能向朋友說明學習日文的目的。

2. 能詢問別人學習日文的目的。

步驟：

1. 教師問全班同學「どうして日本語を勉強していますか。」或
「どうして日本語を学んでいますか。」，同學們的答案一定不
一樣。

例：

日本人の友達を作りたい。

日本人の友達と話したい。

日本人の友達とおしゃべりしたい。

日本人の友達からのメールを読みたい。

日本のゲームをしたい。

日本の漫画を読みたい。

日本へ旅行したい。

日本へ留学したい。

日本へワーキングホリデーに行きたい。

日本のドラマ（アニメ・バラエティ番組）を見たい。

ネットのライブ配信を見たい。

日本のアイドル（声優）のことを知りたい。

ネットの内容を理解したい。

ネットショッピングをしたい。

もう一つ外国語を学びたい。

日本が好きだから。

2. 教師指導回應時的說法要加「～から」。

3. 教師向幾位同學丟出問題，讓同學一個一個回答看看。

4. 同學兩人一組練習相互問答。

例：

A：どうして日本語を勉強していますか。

B：日本人の友達とおしゃべりしたいからです。A さんは。

A：私もです。（or. 私は日本のマンガを読みたいからです。）

5. 教師讓同學使用學習單，先填妥自己的動機或目的，寫好的同學站起來，走動，詢問班上其他 4 位同學。

活動二：「分享我的日本經驗」

學習目標：

1. 分享我的日本經驗。

2. 能與同學分享自己特別的經驗。

步驟：

1. 於前一堂課，教師宣布今天要同學分享自己的日本經驗，可以請同學帶相片、影片、喜愛的收藏品等到學校來。若無特別的日本經驗，則可選擇其他特殊的外國經驗或異國文化經驗，或介紹家人、親友的經驗等。

2. 教師指導課本例句。

3. 教師確認每位同學要表達的日語內容，並協助修改。

4. 在下一次的課堂上，讓同學發表 PPT，每人 1～2 分鐘。在家製作 PPT 約 5 張，至少使用 5 句日文與全班同學分享自己的日本經驗或契機等相關故事。

5. 教師於過程中指導詢問的用法，鼓勵台下同學學習發問，並與發表者互動，例如：「どうしてですか。」、「どこで買いましたか。」、「いくらでしたか。」、「誰と行きましたか。」等，讓發表者一一回答。

「ポートフォリオにいれよう」

自我評量

1. 我能向別人說明三個學習日文的目的。
2. 我能向別人詢問學習外語的目的。
3. 我能說明自己的日本經驗或與同學分享自己特別的經驗。

Unit 2 私の休日

わたし　きゅうじつ

「學習目標」

1. 能說明自己假日常做的事，並詢問對方。
2. 能描述自己難忘的寒暑假經驗。
3. 能詢問日本朋友假日做了什麼。

「對應二外課綱」

核心素養：

外 -J-A1 具備認真專注的特質及良好的學習習慣，嘗試運用基本的學習策略，精進個人第二外國語文能力。

外 -J-B1 具備入門的聽、說、讀、寫第二外國語文能力。在引導下，能運用所學字母、詞彙及句型進行簡易日常溝通。

外 -J-C2 積極參與課內及課外第二外國語文團體學習活動，培養團體合作精神。

學習表現：

1- Ⅳ -6 能聽辨課堂中習得的日常語句。

1- Ⅳ -8 能聽辨不同語調所表達的情緒和態度。

1- Ⅳ -9 能聽懂課堂中習得的對話。

2- Ⅳ -11 能說出一週的基本作息活動。

3- Ⅳ -8 能唸出課堂中習得的日常語句。

3- Ⅳ -10 能了解文本中對話的主要內容。

3-Ⅳ-11 能閱讀日常生活中簡單的短文。

5-Ⅳ-7 能向朋友介紹一週的作息活動並詢問對方。

6-Ⅳ-4 樂於參與各種課堂學習活動。

6-Ⅳ-5 樂於回答教師或同學提問的問題。

8-Ⅳ-4 能以條列式的陳述，表達訊息內容。

學習內容：

Ab-Ⅳ-2 看字讀音。

Ab-Ⅳ-3 聽音書寫。

Ad-Ⅳ-2 簡易常用句型的文法介紹，及日常對話的應用。

Ae-Ⅳ-3 應用結構。

Ae-Ⅳ-4 認識結構。

Af-Ⅳ-4 條列式陳述。

Bd 日常生活

Bd-Ⅳ-6 生活習慣。

Bd-Ⅳ-7 假日。

「聞いてみよう」

1. A：日本人　B：台湾人

A：台湾の中学生は、週末も勉強してるの？

B：私は家でゲームをしたり、友達と買い物に行ったりしてるよ。

A：あ、僕とだいたい同じだ。

B：学校の宿題は、放課後に学校でするから、家ではあまりしないんだ。

A：どんなゲームをするの？

B：オンラインゲームだよ。

A：僕<ruby>はスマホのゲームをよくするよ。

2. A：<ruby>日本人<rt>にほんじん</rt></ruby>　B：<ruby>台湾人<rt>たいわんじん</rt></ruby>

A：もしも～し。

B：あ、<ruby>田中<rt>たなか</rt></ruby>さん、こんにちは。どうしたの？

A：いや～、<ruby>休<rt>やす</rt></ruby>みで<ruby>暇<rt>ひま</rt></ruby>だからおしゃべりしようかなと<ruby>思<rt>おも</rt></ruby>って……。

B：ごめ～ん、<ruby>今日<rt>きょう</rt></ruby>は<ruby>父<rt>ちち</rt></ruby>の<ruby>日<rt>ひ</rt></ruby>だから、ちょっと<ruby>忙<rt>いそが</rt></ruby>しいんだ。

A：<ruby>何<rt>なに</rt></ruby>かあるの？

B：これからおじいちゃんおばあちゃんも<ruby>一緒<rt>いっしょ</rt></ruby>に<ruby>家族<rt>かぞく</rt></ruby>で<ruby>外食<rt>がいしょく</rt></ruby>するんだ。

A：そっか。じゃあ、また<ruby>今度<rt>こんど</rt></ruby><ruby>話<rt>はな</rt></ruby>そうね。いってらっしゃ～い。

3. A：<ruby>台湾人<rt>たいわんじん</rt></ruby>　B：<ruby>日本人<rt>にほんじん</rt></ruby>

A：<ruby>来月<rt>らいげつ</rt></ruby>、<ruby>西門駅<rt>せいもんえき</rt></ruby>の<ruby>近<rt>ちか</rt></ruby>くでコスプレのイベントがあるの、<ruby>知<rt>し</rt></ruby>ってる？

B：え、<ruby>林君<rt>りんくん</rt></ruby>、コスプレするの？

A：<ruby>僕<rt>ぼく</rt></ruby>はやったことないんだけど、<ruby>一度<rt>いちど</rt></ruby><ruby>見<rt>み</rt></ruby>てみたいなと<ruby>思<rt>おも</rt></ruby>って……。

B：<ruby>私<rt>わたし</rt></ruby>も<ruby>見<rt>み</rt></ruby>てみたい。じゃあ、みんなで<ruby>行<rt>い</rt></ruby>ってみようよ。

A：うん、<ruby>行<rt>い</rt></ruby>ってみよう。

4. A：台湾人　B：日本人

A：そろそろ夏休みだね。何か予定がある？

B：実は、楽しみにしてることがあるんだ。

A：え、なになに？

B：韓国のアイドルのコンサートが東京であって、それに行くんだ。

A：本当？私も行くよ！

「語句と表現」

遅くまで寝る・音楽を聴く・洗濯をする・家事をする・買い物をする・テレビを見る・料理をする・ペットの散歩をする・スマートフォン・ゲームをする・外食する・出かける・ハイキングに行く・試合を見る・コンサート・ゲームをしたり、買い物に行ったりする・コスプレ・楽しみ・夏休み・冬休み・春休み・浴衣を着る・アルバイトをする・印象深い

「やってみよう」

活動一：「假期大不同」

學習目標：

1. 能搜尋不同國家的學校假期。

2. 能比較台灣的寒暑假與其他國家有何不同。

步驟：

1. 教師介紹本校曾經與其他國家交流校的互訪時間，例如去年 9 月韓國學校來訪，今年 4 月我們去日本等，詢問學生如果要出訪，什麼時間最適合？

2. 日本、新加坡、美國、韓國、俄羅斯、香港、澳洲、越南、英國的學校都曾經來訪，假設我們利用寒暑假期間出訪互動，那麼得先確認交流校的假期。

3. 讓同學分組選擇自己想查的國家，協調每個國家約 3～4 人一組，可先上網搜尋姊妹校，若無合作校者，教師先上網確定某國家的某代表學校，讓該組學生進行查詢。要查出「該國的暑假、寒假、春假是什麼時候、有幾天」等資訊。

4. 每組填寫課本內的學習單「假期比一比」，比較與台灣相同或不同之處，各組派 1 名代表發表所查結果與感想（內容參考例 1、例 2）。

活動二：「我的假日」

學習目標：

1. 能用日文寫出如何度過假日。
2. 能口述介紹自己如何度過假日。

步驟：

1. 教師事先預告本課要學習什麼內容，請同學事先用相機拍下假日的活動歷程。

2. 帶領同學熟悉本課的單字，詢問同學「休みの日によく何をしますか？」，學生回應常做的事。引導學生以「よく～をします」，或「～たり、～たりします。」進行回應。

3. 教師開啟 Line 或 FB 的全班群組，要求同學上傳一張假日活動的

照片與大家分享，並寫上一句日文說明該照片內容，教師協助同學確認日文正確與否，此互動平台以後仍可持續使用。

4. 全班同學互相觀賞相片，並至少對 5 位同學寫上留言。收到留言者，請再寫一句日文回應。

5. 隔週，請同學準備至少 5 張自己假日活動的照片，製作成 PPT，每頁至少附上一句日文，依序上台發表 1 ～ 2 分鐘以內的簡報。

活動三：「難忘的寒暑假」

學習目標：

1. 能介紹自己難忘的寒暑假經驗。

2. 能詢問別人寒暑假難忘的經驗。

步驟：

1. 教師詢問大家上次的暑假或寒假，做了什麼事、去了哪裡，以及最難忘的一件事是什麼。

2. 請同學從手機上找出 3 張照片「<ruby>写真<rt>しゃしん</rt></ruby> 1」、「<ruby>写真<rt>しゃしん</rt></ruby> 2」、「<ruby>写真<rt>しゃしん</rt></ruby> 3」，並與隔壁的同學用日語互相說明難忘的事情。

    例 1：

    ・＿＿＿＿＿でアルバイトをしました。<ruby>初<rt>はじ</rt></ruby>めてだったので<ruby>大変<rt>たいへん</rt></ruby>でした。

    ・<ruby>冬休<rt>ふゆやす</rt></ruby>みに＿＿＿＿＿へ<ruby>行<rt>い</rt></ruby>きました。<ruby>家族<rt>かぞく</rt></ruby>と<ruby>一緒<rt>いっしょ</rt></ruby>に<ruby>行<rt>い</rt></ruby>きました。

    ・<ruby>お菓子<rt>かし</rt></ruby>を<ruby>作<rt>つく</rt></ruby>りました。ちょっと<ruby>失敗<rt>しっぱい</rt></ruby>したけど、<ruby>楽<rt>たの</rt></ruby>しかったです。

3. 請同學使用下面句子進行訪談，找班上 3 位同學訪問，並將結果記錄在訪談單。

    例 2：

    ・<ruby>印象深<rt>いんしょうぶか</rt></ruby>い<ruby>休<rt>やす</rt></ruby>みのことを<ruby>教<rt>おし</rt></ruby>えてください。

・いつですか。

・どこへ行きましたか。

・誰と行きましたか。

・何をしましたか。

・どうでしたか。

4. 最後請幾位同學上台發表訪問結果。或直接檢查訪談單，驗收學
　習成果。

「ポートフォリオにいれよう」

自我評量：

1. 我能說明自己假日常做的事，並詢問對方。

2. 我能描述自己難忘的寒暑假經驗。

3. 我能詢問日本朋友假日做了什麼。

Unit 3　私の住んでいる所

「學習目標」

1. 能描述自己家的格局並詢問對方。
2. 能描述居家環境（附近有什麼建築物、公園、車站、市場……等等）並詢問對方。
3. 能說明自己居住環境的感想，方便與不方便之處，或理想的居住環境。
4. 能介紹自己居住的城鎮特色，並詢問對方城鎮的特色。

「對應二外課綱」

核心素養：

外 -J-A1 具備認真專注的特質及良好的學習習慣，嘗試運用基本的學習策略，精進個人第二外國語文能力。

外 -J-B1 具備入門的聽、說、讀、寫第二外國語文能力。在引導下，能運用所學字母、詞彙及句型進行簡易日常溝通。

外 -J-C2 積極參與課內及課外第二外國語文團體學習活動，培養團體合作精神。

學習表現：

1- IV -6 能聽辨課堂中習得的日常語句。

1- IV -8 能辨識不同語調所表達的情緒和態度。

1- IV -9 能聽懂課堂中習得的對話。

3-Ⅳ-8 能唸出課堂中習得的日常語句。

3-Ⅳ-10 能了解文本中對話的主要內容。

3-Ⅳ-11 能閱讀日常生活中簡單的短文。

4-Ⅳ-4 能寫出課堂中習得的詞彙及語句。

5-Ⅳ-5 能聽懂日常生活應對中常用語句，並做適當的簡短回應。

6-Ⅳ-4 樂於參與各種課堂學習活動。

6-Ⅳ-5 樂於回答教師或同學提問的問題。

8-Ⅳ-4 能以條列式的陳述，表達訊息內容。

學習內容：

Ab-Ⅳ-2 看字讀音。

Ab-Ⅳ-3 聽音書寫。

Ad-Ⅳ-2 簡易常用句型的文法介紹，及日常對話的應用。

Ae-Ⅳ-3 應用結構。

Ae-Ⅳ-4 認識結構。

Af-Ⅳ-4 條列式陳述。

Bd 日常生活

Bd-Ⅳ-1 居家環境。

Be 家庭生活

Be-Ⅳ-1 房屋。

Be-Ⅳ-2 房間。

Be-Ⅳ-3 家具。

Be-Ⅳ-4 方位。

Be-Ⅳ-5 城鎮。

「聞いてみよう」

1. A：台湾人　B：日本人

　　（日本人が持ってきた写真を見ながら）

　A：これは富田さんの家ですか。

　B：はい。家の庭で撮りました。

　A：庭があるんですか。いいなー。

　B：葉さんの家は？

　A：私はマンションです。台北では庭がある家に住んでいる人は少ないです。

　B：そうなんですか。確かに、高いビルがたくさんありますね。一戸建てはあまり見ませんね。

　A：い、いっこだて？

　B：マンションではなく、一つの建物に一つの家族が住んでいる家のことです。

　A：いいなー、一戸建て。私も庭がある一戸建てに住んで、大きな犬を飼いたいです。

2. A：台湾人　B：日本人

　A：沢田さん、日曜日私の家の近くでお祭りがあるんですが、一緒に行きませんか？

　B：はい、ぜひ行きたいです。どんなものがあるんですか。

　A：「布袋戯」という人形劇や、「歌仔戯」という台湾のオペラがあります。

Ｂ：へー。楽<ruby>楽<rt>たの</rt></ruby>しみ。

Ａ：よかった。じゃあ、5<ruby>時<rt>じ</rt></ruby>に<ruby>駅<rt>えき</rt></ruby>の2<ruby>番出口<rt>ばんでぐち</rt></ruby>で<ruby>会<rt>あ</rt></ruby>いましょう。

Ｂ：はい、5<ruby>時<rt>じ</rt></ruby>ですね。お<ruby>祭<rt>まつ</rt></ruby>りは<ruby>何時<rt>なんじ</rt></ruby>からですか。

Ａ：6<ruby>時<rt>じ</rt></ruby>からです。<ruby>夜市<rt>よいち</rt></ruby>もありますよ。

3. Ａ：<ruby>台湾人<rt>たいわんじん</rt></ruby>　Ｂ：<ruby>日本人<rt>にほんじん</rt></ruby>

（<ruby>Skype<rt>スカイプ</rt></ruby> で）

Ａ：あれ？なんだか<ruby>部屋<rt>へや</rt></ruby>がきれいになったね。

Ｂ：あ、<ruby>気<rt>き</rt></ruby>づいた？<ruby>散<rt>ち</rt></ruby>らかってたけど、テストがあったから。

Ａ：えー？どうしてテストがあると、<ruby>部屋<rt>へや</rt></ruby>がきれいになるの？

Ｂ：テストがあると、<ruby>机<rt>つくえ</rt></ruby>や<ruby>本棚<rt>ほんだな</rt></ruby>を<ruby>整理<rt>せいり</rt></ruby>したくなるんだ～。

Ａ：そうなんだ。テストはどうだった？

Ｂ：あ、それは……、あはは～。

4. Ａ：<ruby>台湾人<rt>たいわんじん</rt></ruby>　Ｂ：<ruby>日本人<rt>にほんじん</rt></ruby>

（<ruby>道端<rt>みちばた</rt></ruby>で）

Ａ：どうしましたか？

Ｂ：すみません。このお<ruby>寺<rt>てら</rt></ruby>に<ruby>行<rt>い</rt></ruby>きたいんですけど……。

Ａ：この<ruby>道<rt>みち</rt></ruby>をまっすぐ<ruby>行<rt>い</rt></ruby>くと、<ruby>公園<rt>こうえん</rt></ruby>があります。そこを<ruby>右<rt>みぎ</rt></ruby>に<ruby>曲<rt>ま</rt></ruby>がって、<ruby>少<rt>すこ</rt></ruby>し<ruby>行<rt>い</rt></ruby>くとありますよ。

Ｂ：わかりました。ありがとうございました。

Ａ：いえいえ。

「語句と表現」

庭・駅・マンション・住む・出口・人形劇・オペラ・一戸建て・
二階建て・本棚・整理する・犬を飼う・右に曲がって・〜につい
て紹介する・場所・台湾で一番〜・散らかっている・ポスター・
広い部屋がほしい・田舎・運動する・新幹線に乗る・バス停・
スーパー・コンビニ・不便だ・犬の散歩・車で送ってくれる・自
然が豊かなところ

「やってみよう」

活動一：「學校周邊導覽」

學習目標：

1. 能搜尋網頁，或詢問他人關於城鎮等相關資訊。
2. 能用簡單日文製作簡報，並口頭介紹學校周邊景點特色。

步驟：

1. 教師告知本學期日本姊妹校來訪時，將讓同學分組導覽學校周
   邊，本活動為事前的學習與準備。
2. 視班級人數分組，3 ～ 4 人或 4 ～ 5 人為一組，請各組決定一個
   導覽定點。例如：城隍廟、溫泉博物館、華僑市場、衛武營、五
   角牛肉麵等，或學校附近的古蹟、熱鬧又人潮多的景點、有特色
   的小吃、傳統手工藝區等皆可。
3. 各小組內選出一位小組長，負責協調分工合作搜集資料、查網
   頁、問家人、店家採訪、實地探查拍照等，再製作成 10 頁內
   的簡報，每頁含照片與日文介紹。地名等專有名詞可以用中文
   說，但要加上日文說明是什麼性質的店或古蹟。（請參考課本例
   句。）

4. 各組在班上以日語進行口頭發表,同時採各組互相評量方式進行（自己組別不評）。填寫 Rubric 表,或教師重新製作符合自己班級狀況的表格,印製發給同學。

5. 最後各組派一名同學,共同手繪一張學校周邊地圖,填上各景點位置。姊妹校日本人來訪時,印製給日本學生,若時間許可,請各組帶日本人朋友逛景點;時間不允許的話,則各組在教室內以 PPT 進行口語簡報。

活動二:「猜猜是誰家」

學習目標:

1. 能用日語說明房間格局。
2. 能用日語說出房間特色。

步驟:

1. 請同學拍 1 ～ 2 張自己家的某房間、或某角落的照片,傳給老師。
2. 教師整理之後以銀幕播放出照片,並讓班上同學們猜這是誰的家。（請參考課本例 1。）
3. 被猜中了的同學,則出來說明照片內容,再延伸到自己房間的格局、特色、自己期待的理想房間等等。（請參考課本例 2。）

活動三:「小鎮簡介」

學習目標:

1. 能搜尋網頁,搜集某城鎮、或某縣市相關資訊,編輯設計成一篇圖文並茂的簡介。
2. 能書寫介紹某城鎮特色的文稿,提供訪問該市的日本觀光客使用。

步驟：

1. 班上分組，每組選擇所在地的社區，或鄉、鎮、市、縣等並決定一個主題。

2. 詳細查詢該區特色，以及可以吸引觀光客之處，例如美食、景點、咖啡廳、值得走訪之歷史文物、博物館等，並且拍攝照片。

3. 同組同學一起將搜集回來的資訊、照片等，加上簡單的日文說明以及交通指引，編輯版面，設計成可以摺頁式的簡介。

4. 教師準備壁報紙，讓各組作品張貼展覽，同學們互相觀摩，交換意見及提供建議。

5. 修改後簡介可當日文班的學習成果展，向全校師生展覽，請觀賞者對每份作品進行評分（1-10 分），並選出最佳作品於學校集會時表揚。

6. 可印製學生的優秀作品並當作禮物贈予來訪的日籍人士，或是放置於車站詢問處，提供日本觀光客取用。

「ポートフォリオにいれよう」

自我評量：

1. 我能描述自己家的格局並詢問對方。

2. 我能描述居家環境（附近有什麼建築物、公園、車站、市場……等等）並詢問對方。

3. 我能說明自己居住環境的感想，方便與不方便之處，或理想的居住環境。

4. 我能介紹自己居住的城鎮特色，並詢問對方城鎮的特色。

Unit 4 — 日本人留学生がやってくる

「學習目標」

1. 能邀請附近大學的日本留學生到學校作客。
2. 能在小組內簡單自我介紹、敘述未來理想，並詢問對方來台求學目的，與對方互動。
3. 能關心日本留學生在台灣生活的問題。
4. 能聽懂日本留學生對台灣高中生詢問的事項。
5. 能說出或寫出與日本留學生交流對談後的感想。

「對應二外課綱」

核心素養：

外 -J-A1 具備認真專注的特質及良好的學習習慣，嘗試運用基本的學習策略，精進個人第二外國語文能力。

外 -J-B1 具備入門的聽、說、讀、寫第二外國語文能力。在引導下，能運用所學字母、詞彙及句型進行簡易日常溝通。

外 -J-C2 積極參與課內及課外第二外國語文團體學習活動，培養團體合作精神。

學習表現：

1- Ⅳ -6 能聽辨課堂中習得的日常語句。

1- Ⅳ -7 能聽懂簡易的招呼語。

1- Ⅳ -8 能聽辨不同語調所表達的情緒和態度。

1- Ⅳ -9 能聽懂課堂中習得的對話。

2- Ⅳ -7 能說出課堂中習得的日常語句。

2- Ⅳ -10 能用簡單的用語向教師同學打招呼。

3- Ⅳ -8 能唸出課堂中習得的日常語句。

3- Ⅳ -10 能了解文本中對話的主要內容。

3- Ⅳ -11 能閱讀日常生活中簡單的短文。

4- Ⅳ -4 能寫出課堂中習得的詞彙及語句。

4- Ⅳ -5 能填寫表格及書寫簡單的短訊或賀卡等。

5- Ⅳ -5 能聽懂日常生活應對中常用語句，並做適當的簡短回應。

5- Ⅳ -6 能看懂日常生活中簡易留言、賀卡、邀請卡並以口語或書面
簡短回應。

6- Ⅳ -4 樂於參與各種課堂學習活動。

6- Ⅳ -5 樂於回答教師或同學提問的問題。

6- Ⅳ -8 能主動尋找機會，積極利用資源提升外語能力，了解不同國
家的文化。

7- Ⅳ -6 能了解不同國家的風土民情並尊重多元文化。

8- Ⅳ -4 能以條列式的陳述，表達訊息內容。

學習內容：

Ab- Ⅳ -2 看字讀音。

Ab- Ⅳ -3 聽音書寫。

Ad- Ⅳ -2 簡易常用句型的文法介紹，及日常對話的應用。

Ae- Ⅳ -3 應用結構。

Ae- Ⅳ -4 認識結構。

Af- Ⅳ -3 語言與非語言成分。

Af- Ⅳ -4 條列式陳述。

Bc 學校生活

Bc-Ⅳ-9 學校作息。

Bf 食物

Bf-Ⅳ-3 飲食偏好。

「聞いてみよう」

1. A：日本人大学生　B：台湾人

A：初めまして。太田恵です。神奈川県出身です。台湾へ来たのは初めてです。よろしくお願いします。

B：初めまして。私はツァイです。

A：ツァイさん？

B：この漢字です。

A：あ、蔡さんですか。

B：はい。台南出身です。よろしくお願いします。

2. A：台湾人　B：日本人大学生

A：台湾の食べ物で、何が好きですか。

B：そうですね。果物が好きですね。マンゴーとかパパイヤが好きです。水餃子もおいしいですね。

A：日本でも水餃子をよく食べますか。

B：いいえ、あまり食べません。日本の餃子は焼いたものが多いです。

3. A：日本人大学生　B：台湾人

A：台湾の高校生の間で流行っていることは何ですか？

B：うーん、ＳＮＳに写真や動画を投稿することです。

A：へー！日本の高校生と同じですね。

B：あの、太田さんと一緒に写真を撮って、ＳＮＳに投稿してもいいですか？

A：一緒に写真を撮るのは大丈夫ですよ。でも、ＳＮＳはちょっと……。

B：はい、わかりました。

4. A：台湾人　B：日本人大学生

A：台湾の生活はどうですか。

B：台湾の人たちはみんな親切だし、食べ物もおいしいし、毎日楽しいですよ。

A：そうですか。何か困ったことはありますか。

B：えっと、ゴキブリが大きいですね。びっくりしました。

A：私もゴキブリは怖いです。

「語句と表現」

～出身・マンゴー・パパイヤ・水餃子・大丈夫・流行っている・動画を投稿する・ゴキブリ・怖い・困ったこと・YouTuber・クリスマス・パーティー・招待・左側・プレゼント交換・用意・スカートを履く・給食・メイクをする・ピアスをする・髪を染める・オートバイ・運転・親・送り迎え・シャーペン・ボールペン・ハンカチ・お弁当を温める・不思議だ・おすすめ

「やってみよう」

活動一：「製作邀請卡」

學習目標：

1. 能用日文撰寫邀請卡。
2. 能在卡片上註明收信人、寄信人，以及活動的時間、地點、地圖、主旨等。

步驟：

1. 請教師事先調查鄰近大學的日本留學生能否接受邀請到日文班，確認可邀請到的人數，並將學生適當分組。
2. 告知學生將邀請日本留學生到班上來，參與班上活動。引導學生思考如何製作邀請卡寄送給留學生，其中包括卡片的圖案設計、書寫的日文等。
3. 每組思考與日本人互動的主題，例如下面示例。（請教師視活動性質彈性調整。）

例1：

日台交流会へのご招待

佐藤さんへ

　始めまして。私たちはA高校の2年生です。授業で日本語を勉強しています。日本の留学生の方とおしゃべりがしたいので、交流会を開こうと思っています。ぜひ来てください。楽しくおしゃべりしましょう。

日時：2019年12月1日15時〜17時

教室：A高校パソコン教室

集合場所：A高校校門

集合時間：14時50分

テーマ：台湾と日本を比べよう

A高校2年3組一同

例2:

クリスマスパーティーへのご招待

山田さんへ

お元気ですか？

この前の交流会ではありがとうございました。

来月、クラスのみんなでクリスマスパーティーをします。
山田さんもぜひ来てください。楽しみにしています。

日時：12月 25日 13時〜

場所：ＡＢＣ レストラン

（ＭＲＴ 士林駅2番出口を出て、左側にあります。）

持ち物：クリスマスプレゼント

プレゼント交換をします。

150元くらいのプレゼントの用意をお願いします。

連絡先：123@email.com

Ｂ高校 1 年 2 組一同

活動二：「問問留學生」

學習目標：

1. 能用日語詢問留學生關於日本的日常問題。
2. 能思考並確認留學生的喜好。

步驟：

1. 將學生分組，準備於留學生來訪時，詢問與日本相關的問題。為了避免問題重複，按照組別思考問題。例如：「食べ物について」、「アニメについて」、「学校について」、「趣味について」等。請各組寫下想問的問題，提問人用中文說明詢問的理由，全班討論一遍。

2. 為避免過度艱深的問題，以想知道的日常事物為主。

   例：

   ・好きなラーメン屋さんはありますか。（理由：去日本時可去吃吃看）

   ・おすすめのアニメはありますか。（理由：想知道日本有什麼新流行的卡通）

   ・どんなクラブに入っていますか。（理由：從日本的漫畫、卡通知道日本學生有人很瘋社團）

   ・好きな日本の YouTuber はいますか。（理由：我想介紹台灣的 YouTuber）

3. 先請同學預測一下日本留學生的答案可能是什麼，請填寫課本的學習單，並於真正實施後，填寫記錄採訪表。

活動三：「問問日本人」

學習目標：

1. 能用日語詢問日本朋友關於日本的日常問題。
2. 能思考並確認日本朋友的喜好。

步驟：

1. 持續準備日本留學生，或其他日本朋友來訪時的活動，請同學們各自找非日文班的同伴好友，搜集想知道的問題情報。
2. 教師可以提示課本內台灣人常見的疑惑。

活動四：「問問台灣人」

學習目標：

1. 能用日語回答日本人對台灣人日常的問題。
2. 無法回答時能使用其他策略回應。

步驟：

1. 教師搜集日本人對台灣好奇的事物，讓學生回答看看。例如以下的問題：

・どうして冬でもサンダルを履くんですか。
　答え：楽だからです。／寒くないからです。

・どうしてオートバイが多いんですか。
　答え：速くて便利だからです。

・バスの運転は怖くないですか。
　答え：怖いときもありますけど、慣れています。／しっかり掴まれば大丈夫です。

・学校に来るとき、どうしてそんなに荷物が多いんですか。

答え：宿題があって教科書やノートを持って帰るからです。

・どうして親が学校まで送り迎えをするんですか。

答え：速いからです。／親も会社に行くからです。

・どうしてテストのとき、シャーペンではなくボールペンで書くんですか。

答え：どちらでもいいです。／私はシャーペンで書きます。

・台湾の高校では、髪を染めたり、ピアスをしたり、メイクをしたりしてもいいんですか。

答え：いいえ、してはいけません。でも、休みの日にする人もいます。

・どうしてハンカチを持っていないんですか。

答え：ティッシュがあれば大丈夫です。

・どうしてみんな昼寝をするんですか。

答え：学校のルールだからです。／もう習慣になっています。

・どうしてみんなよく勉強するんですか。

答え：試験があるからです。／いい高校や大学に入ることは大切だからです。

・どうしてお弁当を温めるんですか。

答え：冷たいお弁当はおいしくないからです。

2. 教師先讓學生以日語回應看看，無法表達時於小組討論再回答，若有超出學習範圍時，教師指導日文的說法。

「ポートフォリオにいれよう」

自我評量：

1. 我能邀請附近大學的日本留學生到學校作客。
2. 我能在小組內簡單自我介紹、敘述未來理想，並詢問對方來台求學目的，與對方互動。
3. 我能關心日本留學生在台灣生活的問題。
4. 我能聽懂日本留學生對台灣高中生詢問的事項。
5. 我能說出或寫出與日本留學生交流對談後的感想。

Unit 5 日本人にインタビュー

<ruby>日本人<rt>にほんじん</rt></ruby>

「學習目標」

1. 交流活動時能詢問日本人來自何處及該處的名產特色。
2. 能詢問日本人來台多久及住在何處。
3. 能詢問對台灣的印象。
4. 能詢問喜歡吃台灣的什麼飲食，不喜歡什麼飲食。
5. 在詢問過程聽不懂時，能使用會話策略，確認內容。

「對應二外課綱」

核心素養：

外 -J-A1 具備認真專注的特質及良好的學習習慣，嘗試運用基本的
學習策略，精進個人第二外國語文能力。

外 -J-B1 具備入門的聽、說、讀、寫第二外國語文能力。在引導下，
能運用所學字母、詞彙及句型進行簡易日常溝通。

外 -J-C2 積極參與課內及課外第二外國語文團體學習活動，培養團
體合作精神。

學習表現：

1- Ⅳ -6 能聽辨課堂中習得的日常語句。

1- Ⅳ -7 能聽懂簡易的招呼語。

1- Ⅳ -8 能聽辨不同語調所表達的情緒和態度。

1- Ⅳ -9 能聽懂課堂中習得的對話。

2- Ⅳ -7 能說出課堂中習得的日常語句。

2- Ⅳ -10 能用簡單的用語向教師同學打招呼。

3- Ⅳ -8 能唸出課堂中習得的日常語句。

3- Ⅳ -10 能了解文本中對話的主要內容。

3- Ⅳ -11 能閱讀日常生活中簡單的短文。

4- Ⅳ -5 能填寫表格及書寫簡單的短訊或賀卡等。

5- Ⅳ -5 能聽懂日常生活應對中常用語句，並做適當的簡短回應。

5- Ⅳ -6 能看懂日常生活中簡易留言、賀卡、邀請卡並以口語或書面
　　　　簡短回應。

6- Ⅳ -7 能利用各種查詢工具，推測詞彙文脈意義，自主了解外語資
　　　　訊。

6- Ⅳ -8 能主動尋找機會，積極利用資源提升外語能力，了解不同國
　　　　家的文化。

7- Ⅳ -6 能了解不同國家的風土民情並尊重多元文化。

8- Ⅳ -4 能以條列式的陳述，表達訊息內容。

學習內容：

Ab- Ⅳ -2 看字讀音。

Ab- Ⅳ -3 聽音書寫。

Ad- Ⅳ -2 簡易常用句型的文法介紹，及日常對話的應用。

Ae- Ⅳ -3 應用結構。

Ae- Ⅳ -4 認識結構。

Af- Ⅳ -3 語言與非語言成分。

Af- Ⅳ -4 條列式陳述。

Bc 學校生活

Bc- Ⅳ -9 學校作息。

Bd 日常生活

Bd-Ⅳ-6 生活習慣。

Bf 食物

Bf-Ⅳ-3 飲食偏好。

「聞いてみよう」

1. A：台湾人　B：日本人

A：台湾のデザートで何が好きですか。

B：えっと、黒いゼリーが好きです。

A：ああ、「仙草」！ゼリーもありますけど、温かい「仙草」もありますよ。

B：へー。あと、ふわふわミルクかき氷、マンゴーのふわふわミルクかき氷も好きです。

A：あー、「雪花冰」ですね。台湾の伝統的なかき氷もおいしいですよ。

2. A：台湾人　B：日本人

A：張です。よろしくお願いします。

B：橋本です。よろしくお願いします。

A：橋本さんは日本のどこからいらっしゃいましたか。

B：北海道です。

A：北海道から台湾まで何時間かかりますか？

B：4時間半ぐらいです。日本の一番北にあって、冬はたくさん雪が降りますよ。

Ａ：いつから雪が降りますか。

Ｂ：大体１１月から４月ごろまでです。

Ａ：そうですか。雪を見たことがないので、見てみたいです。

3. Ａ：台湾人　Ｂ：日本人

Ａ：今中さん、名古屋の名物料理は何ですか。

Ｂ：そうですねー。いろいろありますが、味噌カツですね。

Ａ：みそかつって、何ですか。

Ｂ：味噌カツは、豚カツに味噌をつけて食べます。その赤味噌
　　のタレがおいしいんですよ。

Ａ：へー、食べてみたいです。

Ｂ：ほかに、小倉トーストも有名ですよ。

Ａ：小倉？

Ｂ：小倉はあんこのことです。トーストにバターを塗ってたっ
　　ぷりあんこをのせて食べます。

Ａ：そうですか。おいしそうですね。

4. Ａ：台湾人　Ｂ：日本人

Ａ：木村さんはいつ台湾に来ましたか。

Ｂ：一昨日の夜来ました。

Ａ：そうですか。台湾はどうですか。

Ｂ：とてもにぎやかですね。皆さん夜遅くまで外で遊んでいる
　　ので、びっくりしました。朝も早くから公園で運動する人
　　が多いですね。

A：でも、私は朝は苦手です。ところで、どこのホテルに泊まっ
　　ているんですか。

B：えーと、台北駅のすぐ近くのホテルです。とても便利です
　　よ。

A：そうですか。いつ日本へ帰りますか。

B：来週の日曜日です。

A：明日はどこへ行く予定ですか。

B：九份へ行きます。

「語句と表現」

ホテルに泊まる・一昨日・名物料理・味噌カツ・豚カツ・タレ・
調べる・何泊・旅行先・印象・泳ぐ・修学旅行・海外・お月見を
する・コミュニケーション・お土産・悔しい・見物をする

「やってみよう」

活動一：「最想去的城鎮」

學習目標：

1. 能用日文在網頁查詢最想去的日本城市的特色，並與人分享。

2. 能用日語詢問對方想去的城鎮。

步驟：

1. 教師說明日本重要城市的位置，同時以台灣地圖確認台灣重要城
　　市的位置。

2. 請同學各自選擇一個最想去的城鎮，並上網查詢有什麼觀光景

點、飲食特色、值得推薦的店鋪等等，填寫課本的學習單。

3. 填妥後，兩位同學一組，互相介紹自己想去的城鎮。先將自己查詢到的資訊填在學習單上，之後詢問對方，問句如下：

例：

- 林さんが一番行きたい町はどこですか。
- そこは何が有名ですか。
- 名物料理は何ですか。
- おすすめのお店がありますか。

4. 聽完之後填寫在課本的學習單上，換對方問。

5. 將查到的「名物料理」、「おすすめのお店」等單字，加以口頭練習。

6. 也可以提供台灣 10 個城市與日本 10 個城市的地名讓學生抽籤，按照所抽到的地名查詢，並試著比較看看，與同學 2 人一組互相報告。

活動二：「旅行真好玩」

學習目標：

1. 能用日語訪問同學旅行的地點等。
2. 能用日語回應別人訪問自己的旅行地點等。

步驟：

1. 能詢問別人是開啟溝通的第一步，教師講解詢問旅行的重要句型問法，例如：

- いつ行きましたか。
- どこへ行きましたか。
- 誰と行きましたか。

・どこに泊_とまりましたか。

・何日間_{なんにちかん}でしたか。

・何_{なに}を見物_{けんぶつ}しましたか。

・何_{なに}を買_かいましたか。

・何_{なに}を食_たべましたか。

・印象_{いんしょう}はどうでしたか。

2. 「～_{なん}って、何ですか。」是聽不懂時常用的溝通策略方法，將聽不懂的句子複誦一遍，再請對方說明一下的意思，是非常好用的會話策略，務必學會。

3. 每位同學訪問 2 位同學，並將訪問結果填在課本的學習單上。

4. 完成本活動之後，可模擬訪問在台灣的日本人去了哪裡旅行、覺得如何等，輪流扮演日本人的角色，教師準備「ロールカード」的卡片如下：

・夏休_{なつやす}みに日月潭_{にちげつたん}へ行_いった。友達_{ともだち}と行_いった。一泊_{いっぱく}した。湖_{みずうみ}がきれいだった。皆_{みな}が泳_{およ}いでいるのを見_みた。お土産_{みやげ}にお菓子_{かし}を買_かった。

・花蓮_{かれん}へ行_いった。家族_{かぞく}と海洋公園_{かいようこうえん}へ行_いった。海_{うみ}がきれいだった。お月見_{つきみ}をした。花火_{はなび}を見_みた。料理_{りょうり}がおいしかった。

・高雄_{たかお}の友達_{ともだち}の家_{いえ}へ行_いった。はじめて「高鐵」に乗_のった。友達_{ともだち}の家族_{かぞく}と一緒_{いっしょ}にコンサートへ行_いった。すばらしかった。

「ポートフォリオにいれよう」

自我評量：

1. 交流活動時我能詢問日本人來自何處及該處的名產特色。

2. 我能詢問日本人來台多久及住在何處。

3. 我能詢問對台灣的印象。

4. 我能詢問喜歡吃台灣的什麼飲食，不喜歡什麼飲食。

5. 在詢問過程聽不懂時，我能使用會話策略，確認內容。

Unit 6

Skype を使って交流しよう

<ruby>スカイプ</ruby> <ruby>つか</ruby> <ruby>こうりゅう</ruby>

「學習目標」

1. 能透過視訊向新朋友問候打招呼。
2. 能針對主題透過視訊向朋友說明，並積極聽取日方朋友的敘述。
3. 針對主題能整理比較台日相同與不同之處。
4. 視訊後能書寫感想，並傳送給日本朋友。

「對應二外課綱」

核心素養：

外 -J-A1 具備認真專注的特質及良好的學習習慣，嘗試運用基本的
學習策略，精進個人第二外國語文能力。

外 -J-B1 具備入門的聽、說、讀、寫第二外國語文能力。在引導下，
能運用所學字母、詞彙及句型進行簡易日常溝通。

外 -J-C2 積極參與課內及課外第二外國語文團體學習活動，培養團
體合作精神。

外 -J-C3 具有基本的世界觀，能以簡易第二外國語文介紹國內外主
要節慶習俗與風土民情，並具備國際移動力、尊重生命與
全球的永續發展。

學習表現：

1-Ⅳ-6 能聽辨課堂中習得的日常語句。

1-Ⅳ-7 能聽懂簡易的招呼語。

1- Ⅳ -8 能聽辨不同語調所表達的情緒和態度。

1- Ⅳ -9 能聽懂課堂中習得的對話。

2- Ⅳ -7 能說出課堂中習得的日常語句。

2- Ⅳ -10 能用簡單的用語向教師同學打招呼。

3- Ⅳ -8 能唸出課堂中習得的日常語句。

3- Ⅳ -10 能了解文本中對話的主要內容。

3- Ⅳ -11 能閱讀日常生活中簡單的短文。

4- Ⅳ -5 能填寫表格及書寫簡單的短訊或賀卡等。

5- Ⅳ -5 能聽懂日常生活應對中常用語句，並做適當的簡短回應。

5- Ⅳ -6 能看懂日常生活中簡易留言、賀卡、邀請卡並以口語或書面
簡短回應。

6- Ⅳ -7 能利用各種查詢工具，推測詞彙文脈意義，自主了解外語資
訊。

6- Ⅳ -8 能主動尋找機會，積極利用資源提升外語能力，了解不同國
家的文化。

7- Ⅳ -4 能認識了解並比較課堂中所介紹的國內外主要節慶習俗。

7- Ⅳ -5 能以簡易外語介紹國內主要節慶。

7- Ⅳ -6 能了解不同國家的風土民情並尊重多元文化。

8- Ⅳ -4 能以條列式的陳述，表達訊息內容。

學習內容：

Ab- Ⅳ -2 看字讀音。

Ab- Ⅳ -3 聽音書寫。

Ad- Ⅳ -2 簡易常用句型的文法介紹，及日常對話的應用。

Ae- Ⅳ -3 應用結構。

Ae- Ⅳ -4 認識結構。

Af- Ⅳ -3 語言與非語言成分。

Af-Ⅳ-4 條列式陳述。

Bc 學校生活

Bc-Ⅳ-9 學校作息。

Bd 日常生活

Bd-Ⅳ-6 生活習慣。

Bf 食物

Bf-Ⅳ-3 飲食偏好。

「聞<ruby>聞<rt>き</rt></ruby>いてみよう」

1. A：日本人<ruby><rt>に ほん じん</rt></ruby>　B：台湾人<ruby><rt>たい わん じん</rt></ruby>

A：王さん、明けましておめでとう。

B：松田さん、明けましておめでとう。わー！着物！きれいだね。とても似合ってるよ。いいなー。私も着物、着てみたいなー。

A：台湾の人はお正月のときに特別な服は着ないの？

B：うん、特別な服は着ないよ。それに、1月1日はいつもと同じだよ。台湾は旧正月なんだ。

A：旧正月？

B：旧暦のお正月のこと。今年は2月だよ。

A：そうなんだ。じゃあ、今日はいつもとあまり変わらないの？

B：うん。今日は休みだけど、明日から学校があるよ。

A：え！1月2日からもう学校へ行くの！？日本は1月7日くらいまで冬休みだよ。

B：いいなー。

2. A：台湾人　B：日本人

A：ごめん、ごめん。おばあちゃんが帰ってきて……。

B：さっき、おばあちゃんと話してたのは中国語ですか？

A：いえ、台湾語です。おばあちゃんは台湾語をよく話します。

B：台湾語と中国語は違いますか？

A：はい。全然違います。

B：すごいですね！中国語、台湾語、日本語、英語ができるんですね。私は日本語しか話せないのに……。

A：そんなことないです。私も英語は苦手ですよ。

3. A：日本人　B：台湾人

A：黄さん、こんにちは！ゴールデンウィークに家族で台湾に行くことになりました。黄さんにも会いたいです。

B：ゴールデン？すみません、もう一度お願いします。

A：ゴールデンウィークです。5月の初めにある 1 週間ぐらいの長い休みです。

B：いいなー。1 週間も休みなんですか。うらやましいなあ。

A：黄さんは4月の始めに連休があったじゃない。

B：そうですね。じゃ、その週末に一緒に遊びましょう。

4. A：台湾人　B：日本人

A：ねぇ、かなちゃん、今、時間大丈夫？

B：うん。どうしたの？

A：実は両親とけんかしちゃって……。

B：え！けんか！？

A：台中の友達の家へ行きたいって言ったら、だめって言われたんだ。

B：そうなんだ。どうして？

A：子どもだけで行くのは危ないって。

B：うーん、そうかな？それは日帰り？それとも、友達の家に泊まるの？

A：うん、泊まりたいんだ。

B：台中なら朝行って、夜帰ってくることができるんじゃない？

A：でも、久しぶりに会うから、ゆっくり話したいんだ。

B：そっか。難しいね。

「語句と表現」

旧正月・変わらない・全然違う・けんかする・日帰り・ゴールデンウィーク・うらやましい・連休・流れ・映像・季節・～によって違う・元気に成長する・願う・体育の日・オリンピック・祝日・休日・恥ずかしい・除夜の鐘・仏教・習慣・一年を通して・ランタンフェスティバル・カウントダウン・厄よけ・豊作・火の粉・爆音・干支・動物・夜空・爆竹・ロケット花火・大晦日・びっくりする・迫力・国際的

「やってみよう」

活動一：「視訊課程比較」

學習目標：

1. 能調查台灣的風俗節慶習慣，並製作簡報以日語解說。
2. 能聽取日本姊妹校學生的日語簡報，並簡單詢問。

步驟：

1. 教師與姊妹校的老師取得聯絡，雙方協調學生用簡報互相介紹文化之主題的視訊時間。（盡量主題相近，方便彼此比較。）
2. 班上分成 3 小組，各自決定一個傳統文化主題，如「過年」、「中秋節」、「端午節」、「跨年」、「元宵節」等。每組負責搜尋資料、照片、影片、日語解說等，簡報 10 頁左右，口頭發表可以小組合作發表方式，或由一位同學負責解說，時間控制約 3 ～ 5 分鐘。請各組同學事先練習簡報操作，並演練幾遍。
3. 同樣請日方準備介紹 3 個日本節慶主題，用中文或英文簡報。（為了互惠的交流學習，請對方挑戰用外語文，但還是尊重日方的決定。）
4. 使用兩節課發表，台日班級各使用一節課。視時間許可與否，安排接受對方簡單的詢問。

   例：

   発表：

   ・皆さん、こんにちは。私たちは＿＿＿＿＿＿＿＿について紹介したいと思います。
   ・まずは発表の流れです。
   ・これは＿＿＿＿＿＿＿＿の写真です。

・これは＿＿＿＿＿＿＿の映像です。

・皆＿＿＿＿＿＿＿をしています。

・以上です。ありがとうございました。

質問：

・その日、何を食べますか。

・何日間休みがありますか。

・どうして＿＿＿＿＿＿＿をしますか。

・＿＿＿＿＿＿＿によって違いますか。（年、地方、季節など）

・とてもおもしろかったです。ありがとうございました。

5. 結束後請同學就所發表內容、所聽到內容，分組進行台日節慶習俗比較。

6. 無法進行姊妹校視訊時，全班分台日兩組，以相同流程進行。

活動二：「台日假日比較」

學習目標：

1. 能搜尋日本一年 12 個月學校的行事曆，並調查一年之中的假日。

2. 能搜尋台灣的學校行事曆，算國定假日天數，並與日本的假期進行比較。

步驟：

1. 讓同學熟悉日本和台灣的假日，以利於與日本朋友視訊、聯絡時約定時間。

2. 將同學分成日本組與台灣組，以學生生活為主，進行台日國定假日比較。有姊妹校者以該校行事曆為主，無姊妹校者則調查相同階段之學校。

3. 兩組調查項目包括①週末以外有什麼國定假日？有幾天假？②寒假、暑假、春假等各放幾天假？③國定假日的名稱是什麼？有什麼意義？

例：

・5月5日はこどもの日：子供が元気に成長することを願います。

・10月14日は体育の日：1964年、10月10日に東京オリンピックが始まりました。日本で最初のオリンピックでした。毎年、10月の第二月曜日は体育の日です。（以下是日本2019年假日表，提供給老師參考）

4. 調查台灣組者，名稱用中文，但發表時要加上簡單的日語說明。

5. 各組可分工合作分配負責的月份進行，待完成調查，統整後派代表進行報告。

6. 對方發表時，可同時與自己的表單進行比較，並記錄，特別留意跟自己負責項目相同的部分，比較假日名稱與放假天數。

7. 各組彙整與對方比較的結果，分享心得。

2019年の日本の祝日

名称	2019年
元日	1月1日
成人の日	14日
建国記念の日	2月11日
春分の日	3月21日

昭和の日	4月 29日
休日	4月 30日
（新天皇即位）	5月1日
休日	5月2日
憲法記念日	5月3日
みどりの日	5月4日
こどもの日	5月5日
振替休日	5月6日
海の日	7月 15日
山の日	8月 11日
振替休日	8月 12日
敬老の日	9月 16日
秋分の日	9月 23日
体育の日	10月 14日
（即位礼正殿の儀）	10月 22日
文化の日	11月 3日
振替休日	11月 4日
勤労感謝の日	11月 23日
天皇誕生日	―

注：底色部分僅限 2019 年

活動三：「交換信件」

學習目標：

1. 交流後，能書寫一封日文信給自己的學伴。
2. 交流後，能寄送 1 分鐘自己錄製的短片給日本的學伴。

步驟：

1. 交流校的雙方教師按照學號等方式，分配每位同學均有一位或一位以上的學伴。若雙方人數不一致時，可調整成部分同學 2 對 1。
2. 進行交流後，指導台灣學生撰寫一封信寄給學伴。待教師彙整後一起郵寄給姊妹校教師，請日本老師一一交給學生本人。
3. 若有學生不想寫信，可鼓勵學生面對學伴錄製 1 分鐘的短片，並以日語說出自己的交流感想或心得。

例 1：信函

小原（おばら）さんへ

　この前（まえ）の合同授業（ごうどうじゅぎょう）では、いろいろ教（おし）えてくれてありがとうございました。

　日本（にほん）のことをたくさん知（し）ることができて、とても嬉（うれ）しかったです。台湾（たいわん）の 12 月（じゅうにがつ） 31 日（さんじゅういちにち）の夜（よる）は、コンサートや花火（はなび）があってとてもにぎやかですが、日本（にほん）の大晦日（おおみそか）は静（しず）かだと聞（き）いて、びっくりしました。

　108 回（ひゃくはっかい）の除夜（じょや）の鐘（かね）の習慣（しゅうかん）もとてもおもしろいと思（おも）いました。私（わたし）の家（いえ）は仏教（ぶっきょう）ですが、108 回（ひゃくはっかい）の意味（いみ）を初（はじ）めて知（し）りました。寒（さむ）いのに、お坊（ぼう）さんたちは大変（たいへん）ですね。

とても楽しかったので、また皆さんと交流したいです。これからもよろしくお願いします。

葉佩軒より

例 2：影音

金子さん、こんにちは。台湾の李です。

この前の遠隔授業ではお会いできて嬉しかったです。私は日本語がうまく話せないから、ちょっと恥ずかしかったです。でも、とても楽しかったです。ぜひ、これからも交流したいです。台湾にも遊びに来てくださいね。さようなら。

「ポートフォリオにいれよう」

自我評量：

1. 我能透過視訊向新朋友問候打招呼。

2. 我能針對主題透過視訊向朋友說明，並積極聽取日方朋友的敘述。

3. 我能針對主題整理比較台日相同與不同之處。

4. 視訊後我能書寫感想，並傳送給日本朋友。

Unit 7　友達と付き合おう

ともだち　つ　あ

「學習目標」

1. 能以電話或信函邀請日本朋友參加某活動，並聽取對方方便的時間、地點等。
2. 受到邀請時，能適切地表達接受或拒絕。
3. 能向日本朋友說明台灣的家庭、學校的規矩。
4. 贈送禮物給朋友或接受朋友的禮物時，能用日語適切地表達感情。
5. 以 SNS 口頭或書寫互動時，能理解基本用語。
6. 能用日語對對方適切地表達讚美、安慰、鼓勵之意。

「對應二外課綱」

核心素養：

外 -J-A1 具備認真專注的特質及良好的學習習慣，嘗試運用基本的學習策略，精進個人第二外國語文能力。

外 -J-B1 具備入門的聽、說、讀、寫第二外國語文能力。在引導下，能運用所學字母、詞彙及句型進行簡易日常溝通。

外 -J-C2 積極參與課內及課外第二外國語文團體學習活動，培養團體合作精神。

外 -J-C3 具有基本的世界觀，能以簡易第二外國語文介紹國內外主

要節慶習俗與風土民情，並具備國際移動力、尊重生命與全球的永續發展。

學習表現：

1- Ⅳ -7 能聽懂簡易的招呼語。

1- Ⅳ -8 能聽辨不同語調所表達的情緒和態度。

1- Ⅳ -9 能聽懂課堂中習得的對話。

2- Ⅳ -7 能說出課堂中習得的日常語句。

2- Ⅳ -10 能用簡單的用語向教師同學打招呼。

3- Ⅳ -7 能看懂簡單的標示語句。

3- Ⅳ -8 能唸出課堂中習得的日常語句。

3- Ⅳ -10 能了解文本中對話的主要內容。

3- Ⅳ -11 能閱讀日常生活中簡單的短文。

4- Ⅳ -5 能填寫表格及書寫簡單的短訊或賀卡等。

5- Ⅳ -5 能聽懂日常生活應對中常用語句，並做適當的簡短回應。

5- Ⅳ -6 能看懂日常生活中簡易留言、賀卡、邀請卡並以口語或書面簡短回應。

5- Ⅳ -9 能說出本地建築物名稱或商店名稱，並反問對方。

6- Ⅳ -7 能利用各種查詢工具，推測詞彙文脈意義，自主了解外語資訊。

6- Ⅳ -8 能主動尋找機會，積極利用資源提升外語能力，了解不同國家的文化。

7- Ⅳ -4 能認識了解並比較課堂中所介紹的國內外主要節慶習俗。

7- Ⅳ -5 能以簡易外語介紹國內主要節慶。

7- Ⅳ -6 能了解不同國家的風土民情並尊重多元文化。

8- Ⅳ -4 能以條列式的陳述，表達訊息內容。

學習內容：

Ab- Ⅳ -2 看字讀音。

Ab- Ⅳ -3 聽音書寫。

Ad- Ⅳ -2 簡易常用句型的文法介紹，及日常對話的應用。

Ae- Ⅳ -3 應用結構。

Ae- Ⅳ -4 認識結構。

Af- Ⅳ -3 語言與非語言成分。

Af- Ⅳ -4 條列式陳述。

Bc 學校生活

Bc- Ⅳ -9 學校作息。

Bd 日常生活

Bd- Ⅳ -6 生活習慣。

Be 家庭生活

Be- Ⅳ -5 城鎮。

Bf 食物

Bf- Ⅳ -3 飲食偏好。

「聞いてみよう」

1. A：台湾人　B：日本人

A：もうすぐ、降りるよ。バスの前の方に移動しよう。

B：え？でもまだ着いてないよ。

A：でも、次のバス停だから。

B：バス、まだ走ってるよ。揺れてるから、立って歩いたら危ないよ。

A：うん、だから気をつけてゆっくり歩いて。到着したら、すぐ降りないといけないから。

B：へー、そうなんだ。日本のバスと、ちょっと違うね。

2. A：**日本人**　B：**台湾人**

A：ビレイちゃん、今日お誕生日だよね。これ、プレゼント。

B：えっ、私に？

A：うん、お誕生日おめでとう。

B：わー、嬉しい。ありがとう。開けてもいい？

A：どうぞ、開けてみて。気に入ってくれるといいんだけど。

B：あ、かわいい！携帯のカバーだ。ありがとう、大切に使うね。

3. A：**日本人**　B：**台湾人**

A：あ、これ、ぜひ食べてみて。日本から持ってきたお菓子なんだけど。

B：日本のポテトチップ？

A：うん。わさび味なんだ。

B：えっ、わさび！？

A：そう。わさび、だめ？

B：うん。実は、私、わさびはちょっと……。

A：あ、辛いの、苦手？

B：辛いのは好きだけど、わさびは……苦手かな？ごめんね。

A：そうなんだ。こちらこそ、ごめんね。

4.A：台湾人　B：日本人

A：こんにちは。実は、今週の週末日本へ行くんだ！

B：え〜、本当？知らなかった。今日は木曜日だから、もうすぐだね。

A：そう！楽しみ〜。ねぇねぇ、土曜日会えない？

B：え！？急だなあ。土曜日は塾とピアノがあって……。

A：そっか……。

B：日曜日なら大丈夫だけど、どう？

A：日曜日は家族とバスツアーに参加するんだ。

B：ごめんね。今度はもう少し早く教えてね。

A：そうだよね。ごめん。じゃ、また今度会おうね。

B：うん。

「語句と表現」

もうすぐ・降りる・移動する・走っている・揺れている・立つ・歩く・気をつけて・到着・〜と違う・携帯カバー・ポテトチップ・わさび味・バスツアー・塾・急だ・早く教えて・ごみを捨てる・食器を片付ける・昼寝をする・9時までに帰る・門限・無断外出する・話題になっている・詳しい・ポップコーン・約束・確認・上映・待ち合わせ・メッセージを送る・風邪気味・混んでいる・しょうがない・お大事に・ルールを守る・注意する・ネット上・ダウンロード・ログイン・アカウント・著作権・肖像権・見直す

「やってみよう」

活動一：「家規三部曲」

學習目標：

1. 能與同學互動了解不同的家規，並用日語說出。
2. 能用簡單的日語說出學校的校規，並詢問對方的校規。

步驟：

1. 教師可先分享自己小時候的家規，或學校的校規。

   例 1：

   ・毎日ごみを捨てなければならない。

   ・毎日部屋の掃除をしなければならない。

   ・食器を片付けなければならない。

   ・昼ごはんの後、昼寝をしなければならない。

   ・夜 9 時までに帰らなければならない。

   ・門限は 9 時です。

   ・アルバイトをしてはいけない。

   ・無断外出をしてはいけない。

2. 詢問同學的家規如何？厳しい？厳しくない？

   ・「私の家はとても厳しいですけれども、林さんの家はどうですか。」

   例 2：

   ・「私の家はアルバイトをしてはいけません。門限は 8 時です。部屋を片付けなければなりません。とても厳しいですが、林さんの家はどうですか。」

・「私の家は厳しくないです。アルバイトをしてもいいです。
門限はありません。」

3. 以學習單互問 5 位同學的家規（可用中文），找出較特別的、有
意思的，接著整理出本班同學家常見的家規，並以日語發表。

4. 接著換成校規，教師可以分享過去的校規，以自己學校跟鄰近學
校兩校比較，或日本來訪學生有機會入班學習時，跟日方比較。

活動二：「考考日本地名怎麼唸」

學習目標：

1. 能查出日本地名的唸法。
2. 能與同學合作出題，提出漢字地名標音的測驗題。

步驟：

1. 請同學帶手機來，並告知同學今天學習的目標是查讀日本地名。
通常日本地名以漢字表達，因此同學們習慣以中文發音唸出，但
是上了日文課以後，可指導同學們日本的人名、地名，能正確唸
出日語發音，就是日本通了。

2. 詢問同學們日本地名的唸法，例如「明治神宮」、「太宰府」要
怎麼唸、該怎麼查。讓同學提供任意一個漢字地名，寫在黑板
上，教師指導查閱，看誰最先唸出來。

3. 接下來將同學分成東京、大阪、京都、北海道等組，每組出一份
漢字測驗題目，以學過的句型自行造 3 個句子，內含 JR 漢字站
名、或該地區觀光景點的題目，如下面例句：
例：
・友達と浅草へお参りに行った。
・ＪＲ山手線の御徒町駅で降りた。
・道頓堀にグリコの看板があります。

4. 各組交換題目進行比賽，看哪一組最快正確完成。

活動三：「邀朋友出遊」

學習目標：

1. 能規劃邀請日本朋友一同出遊。

2. 能以 SNS 詳細說明行程細節。

步驟：

1. 4～5 人為一小組，各組規劃邀請日本朋友出去玩，其中一組則
   扮演日本人。各組決定時間、地點、項目等。先以電話邀約，再
   以 SNS 說明。

2. 例如「去看電影」、「開慶生會」、「聽音樂會」等，要確實調
   查清楚真實的資訊。若選擇看電影的組別，要先查妥時間、電影
   片名、怎麼去電影院、如何購票等。

   例 1：

   ・どこの劇場（げきじょう）で何（なん）の映画（えいが）が上映（じょうえい）されているか。

   ・映画（えいが）のあらすじは。

   ・上映時間（じょうえいじかん）は一日何回（いちにちなんかい）か、何時（なんじ）からの上映（じょうえい）がいいか。

   ・映画館（えいがかん）への交通手段（こうつうしゅだん）、チケットの買（か）い方（かた）。

3. 確定後推派一位代表，邀約日本人，以角色扮演方式進行。日本
   的角色卡片分為「答應去」與「不去」兩種。

4. 確認後，再寫詳細內容的簡訊寄給日本人，如課本例文。

「ポートフォリオにいれよう」

自我評量：

1. 我能以電話或信函邀請日本朋友參加某活動，並聽取對方方便的
   時間、地點等。

2. 受到邀請時，我能適切地表達接受或拒絕。

3. 我能向日本朋友說明台灣的家庭、學校的規矩。

4. 贈送禮物給朋友或接受朋友的禮物時，我能用日語適切地表達感
   情。

5. 以 SNS 口頭或書寫互動時，我能理解基本用語。

6. 我能用日語對對方適切地表達讚美、安慰、鼓勵之意。

Unit 8 取材
しゅ ざい

「學習目標」

1. 能說明自己居住的城鎮、有名的建築物。
2. 能說明自己居住的城鎮有無電影院、公園、遊樂場、圖書館、體育館等設施，以及人群聚集的地方。
3. 能整理比較台灣與日本的人口、面積、首都所在、產物。
4. 能介紹自己居住的城鎮一年中的節慶活動。

「對應二外課綱」

核心素養：

外 -J-A1 具備認真專注的特質及良好的學習習慣，嘗試運用基本的學習策略，精進個人第二外國語文能力。

外 -J-B1 具備入門的聽、說、讀、寫第二外國語文能力。在引導下，能運用所學字母、詞彙及句型進行簡易日常溝通。

外 -J-C2 積極參與課內及課外第二外國語文團體學習活動，培養團體合作精神。

外 -J-C3 具有基本的世界觀，能以簡易第二外國語文介紹國內外主要節慶習俗與風土民情，並具備國際移動力、尊重生命與全球的永續發展。

學習表現：

1- Ⅳ -7 能聽懂簡易的招呼語。

1-Ⅳ-8 能聽辨不同語調所表達的情緒和態度。

1-Ⅳ-9 能聽懂課堂中習得的對話。

2-Ⅳ-7 能說出課堂中習得的日常語句。

2-Ⅳ-10 能用簡單的用語向教師同學打招呼。

3-Ⅳ-8 能唸出課堂中習得的日常語句。

3-Ⅳ-10 能了解文本中對話的主要內容。

3-Ⅳ-11 能閱讀日常生活中簡單的短文。

4-Ⅳ-5 能填寫表格及書寫簡單的短訊或賀卡等。

5-Ⅳ-5 能聽懂日常生活應對中常用語句，並做適當的簡短回應。

5-Ⅳ-6 能看懂日常生活中簡易留言、賀卡、邀請卡並以口語或書面簡短回應。

6-Ⅳ-7 能利用各種查詢工具，推測詞彙文脈意義，自主了解外語資訊。

6-Ⅳ-8 能主動尋找機會，積極利用資源提升外語能力，了解不同國家的文化。

7-Ⅳ-4 能認識了解並比較課堂中所介紹的國內外主要節慶習俗。

7-Ⅳ-5 能以簡易外語介紹國內主要節慶。

7-Ⅳ-6 能了解不同國家的風土民情並尊重多元文化。

8-Ⅳ-4 能以條列式的陳述，表達訊息內容。

學習內容：

Ab-Ⅳ-2 看字讀音。

Ab-Ⅳ-3 聽音書寫。

Ad-Ⅳ-2 簡易常用句型的文法介紹，及日常對話的應用。

Ae-Ⅳ-3 應用結構。

Ae-Ⅳ-4 認識結構。

Af-Ⅳ-3 語言與非語言成分。

Af-Ⅳ-4 條列式陳述。

Bc 學校生活

Bc-Ⅳ-9 學校作息。

Bd 日常生活

Bd-Ⅳ-6 生活習慣。

Bf 食物

Bf-Ⅳ-3 飲食偏好。

「聞<ruby>聞<rt>き</rt></ruby>いてみよう」

1. A：<ruby>日本人高校生<rt>にほんじんこうこうせい</rt></ruby>　B：<ruby>台湾人高校生<rt>たいわんじんこうこうせい</rt></ruby>

A：わー！すごい<ruby>眺<rt>なが</rt></ruby>め！<ruby>車<rt>くるま</rt></ruby>があんなに<ruby>小<rt>ちい</rt></ruby>さいよ。

B：……そっ、そうだね……。

A：あれ？もしかして、イリンちゃん、<ruby>高<rt>たか</rt></ruby>いところが<ruby>怖<rt>こわ</rt></ruby>いの？

B：う、うん。ちょっと<ruby>苦手<rt>にがて</rt></ruby>……。あまり<ruby>下<rt>した</rt></ruby>は<ruby>見<rt>み</rt></ruby>たくないな。

A：じゃあ、あそこの<ruby>山<rt>やま</rt></ruby>、<ruby>見<rt>み</rt></ruby>て。<ruby>大<rt>おお</rt></ruby>きくてきれいだから。

B：ああ、あれはね、「<ruby>陽明山<rt>ようめいさん</rt></ruby>」だよ。

A：「ヨウメイサン」？

B：そう。<ruby>火山<rt>かざん</rt></ruby>だから、あの<ruby>近<rt>ちか</rt></ruby>くには<ruby>温泉<rt>おんせん</rt></ruby>もあるよ。

A：<ruby>火山<rt>かざん</rt></ruby>！？

B：ははは、<ruby>心配<rt>しんぱい</rt></ruby>しないで、<ruby>危<rt>あぶ</rt></ruby>なくないから。<ruby>大<rt>おお</rt></ruby>きな<ruby>公園<rt>こうえん</rt></ruby>があって、<ruby>春<rt>はる</rt></ruby>にはきれいな<ruby>花<rt>はな</rt></ruby>がいっぱい<ruby>咲<rt>さ</rt></ruby>いてるよ。

A：へー、<ruby>行<rt>い</rt></ruby>ってみたいなぁ。

2. A：日本人　B：台湾人

A：おはようございます。ここは海星公園です。見てください。今はまだ朝の6時半ですが、たくさんの人が太極拳をしています。こちらは太極拳の先生です。ちょっとインタビューしてみます。

A：おはようございます。

B：おはよう。

A：毎朝何時から太極拳をしていますか。

B：6時からです。

A：早いですね。

B：もう50年くらいやっていますよ。風邪を引いたこともありません。

A：それはすごいですね。

3. A：日本人　B：台湾人

A：わー、広くて、人が多いですね。許さん、あの人たちは何をしているんですか。

B：新住民の人たちです。インドネシアやベトナムの人たちで、台湾に来て働いています。日曜日は広場に集まって、おしゃべりをしているんですよ。

A：へー。

（足音）

A：わー！みんな、ダンスをしていますね。

B：はい。高校生や大学生です。みんな鏡の前でダンスの練習
　　をしているんです。

A：みんな上手ですね。

4. A：日本人　B：台湾人

（交流会で写真を見せながら）

A：孫さん、これはどこの写真ですか。

B：「安平古堡」です。台南にあります。４００年くらい前にオ
　　ランダ人によって建てられました。でも今は壁しかありま
　　せん。

A：へー、この白い所は何ですか。

B：そこは展望台です。そこから街が見えます。安平は古い建
　　物も多いし、おいしいものもたくさんあるんですよ。

A：そうですか。どんな食べ物が有名ですか。

B：「蝦捲」が一番有名です。

「語句と表現」

取材・眺め・火山・温泉・心配する・太極拳をする・風邪を引く・
インタビューする・新住民・原住民・インドネシア・ベトナム・
鏡・壁・オランダ・人口・面積・首都・湖・公用語・平均寿命・
お寺・ワンタン・なぜ～かというと・統治する・元・戻す・移す・
都会・タバコ・お酒・カルチャースポット・ショップ・ライブハウス・
だんだん・融合する・いたるところ・昔のまま・引越し

「やってみよう」

活動一：「台日地理情報站」

學習目標：

1. 能搜尋資訊網站，提供台灣、日本的地理資料。
2. 能將查到的資料進行比較，並以日語報告，發表新發現。

步驟：

1. 視班級人數分組，可分約 2 ～ 4 人的小組，平均分配學習單上的地理資訊項目，搜尋最新、正確的資訊填入。
2. 各組查詢的項目由教師視狀況任意安排，但每組除了指定項目之外，可新增至少一個項目。
3. 查詢完畢，各組討論資訊比較後的新發現。使用日文並條列式寫出，而教師則協助各組準備發表。
4. 全班共同分享各組的報告以及新發現，整體了解台日地理資訊的知識。

活動二：「城市獵名」

學習目標：

1. 能搜尋網站，尋找台日城市的特色。
2. 能與同伴合作，共同完成任務。

步驟：

1. 教師視班級人數分組，約 2 ～ 4 人的小組，各組進行搜尋城市特色的任務，進行猜謎。
2. 教師將寫上台日城市名（例如：北海道、東京、京都、沖繩、台北、高雄、台中、花蓮等）的單子做籤，放在袋子中，讓代表各組的同學上來抽籤。教師參考來訪的姊妹校城市地區名稱做成

籤。題目以台日各半為宜，因為學習日語的學生若能熟知台日首要城市的資訊，更能深入交流。

3. 各組依照抽到的城市，各自進行資訊搜尋，資訊項目包括「有名な建物<ruby>建物<rt>たてもの</rt></ruby>」、「有名<ruby>有名<rt>ゆうめい</rt></ruby>な食<ruby>食<rt>た</rt></ruby>べ物<ruby>物<rt>もの</rt></ruby>」、「有名<ruby>有名<rt>ゆうめい</rt></ruby>なお祭<ruby>祭<rt>まつ</rt></ruby>り」、「人口<ruby>人口<rt>じんこう</rt></ruby>」等。

4. 做 10 頁以內的 PPT，以「ここはどこでしょうか」為題，可描述特徵，每頁最多 3 句日文，但不能顯示出相片或地名、店名等。教師可協助同學書寫 PPT 上的日文，或協助練習日語的口頭表達。然而，在準備過程中不能讓他組同學知道答案。

5. 每組上台以日語發表後，問大家「ここはどこでしょうか」，各組內討論出一個答案並且共同說出。

6. 獲得最多答對次數的組別，表示用心準備、說明清楚，因此判為優勝，教師進行表揚及獎勵。

例：

・昔<ruby>昔<rt>むかし</rt></ruby>は原住民<ruby>原住民<rt>げんじゅうみん</rt></ruby>が多<ruby>多<rt>おお</rt></ruby>く住<ruby>住<rt>す</rt></ruby>んでいました。

・山<ruby>山<rt>やま</rt></ruby>や海<ruby>海<rt>うみ</rt></ruby>があって、観光地<ruby>観光地<rt>かんこうち</rt></ruby>として有名<ruby>有名<rt>ゆうめい</rt></ruby>です。

・大学<ruby>大学<rt>だいがく</rt></ruby>があります。

・夜市<ruby>夜市<rt>よいち</rt></ruby>もあります。

・交通<ruby>交通<rt>こうつう</rt></ruby>は便利<ruby>便利<rt>べんり</rt></ruby>ではありません。

・有名<ruby>有名<rt>ゆうめい</rt></ruby>な仏教<ruby>仏教<rt>ぶっきょう</rt></ruby>のお寺<ruby>寺<rt>てら</rt></ruby>があります。

・そこの料理<ruby>料理<rt>りょうり</rt></ruby>は野菜<ruby>野菜<rt>やさい</rt></ruby>が多<ruby>多<rt>おお</rt></ruby>く、ワンタンもおいしいです。

→「ここはどこでしょうか」

正解<ruby>正解<rt>せいかい</rt></ruby>は花蓮<ruby>花蓮<rt>かれん</rt></ruby>です。

活動三：「探訪舊日情」

學習目標：

1. 能調查自己居住的城鎮與日本有關的地點，採訪該處主人，詢問特色，並在班上以日語介紹。

2. 能查詢、探訪、整理本地與日本相關的資訊，介紹給來訪的姊妹校朋友。

步驟：

1. 台灣各城鎮中有日治時代的各種古蹟、建築、房舍等（或街上販售日本食品、商品的地方），讓同學尋找調查，擇一深入了解後介紹分享。

2. 各組決定一地點，分組進行，例如某廟宇、宿舍群、火車站、碼頭等，或日本人經營的商店等。一組決定一個題目，開始搜尋資料或問家人。

3. 準備採訪該處主人或主管人士，教師指導拜訪禮節，或事先聯絡。學生準備約 10 分鐘訪問的題目，以中文訪談（日本商店盡量以簡單日語訪談），並準備錄音或錄影器材。

4. 各組將訪談結果整理成重點並製作 PPT 進行口頭發表，內容可多放照片、播放片段影片，以日語介紹，在班上發表。教師控制時間，並準備 Rubric 表進行各組互評。

   例：

   ・私たちは町のおじいさんに、古い新北投駅について、インタビューしました。

   ・これは何年前にできた駅か分りますか。正解は１９１６年です。100 年の歴史があります。

   ・なぜ建てられたかというと、北投は有名な温泉の町で、100

年前に台北の人がよくここに来たからです。しかし、来る人がだんだん少なくなり新北投線も使われなくなりました。

・それで、駅が解体され、彰化県に移されました。これはその時の引越しの写真です。

・そして、２０１６年にこの駅は元の場所に戻ってきました。

・古い建物を修復したので、昔のままではありませんが、町の人たちはみんな喜んでいます。

・今は文化施設として、歴史の説明が展示されています。

「ポートフォリオにいれよう」

自我評量：

1. 我能說明自己居住的城鎮、有名的建築物。

2. 我能說明自己居住的城鎮有無電影院、公園、遊樂場、圖書館、體育館等設施，以及人群聚集的地方。

3. 我能整理比較台灣與日本的人口、面積、首都所在、產物。

4. 我能介紹自己居住的城鎮一年中的節慶活動。

課本 MP3 錄製的內容

Unit 1　なぜ私（わたし）は日本語（にほんご）を学（まな）ぶのか

Unit 2　私（わたし）の休日（きゅうじつ）

Unit 3　私（わたし）の住（す）んでいる所（ところ）

Unit 4　日本人留学生（にほんじんりゅうがくせい）がやってくる

Unit 5　日本人（にほんじん）にインタビュー

Unit 6　Skype（スカイプ）を使（つか）って交流（こうりゅう）しよう

Unit 7　友達（ともだち）と付（つ）き合（あ）おう

Unit 8　取材（しゅざい）

Unit 1　なぜ私は日本語を学ぶのか

「聞いてみよう」

1. A：日本人　B：台湾人

    A：日本語が上手ですね。

    B：いえいえ。

    A：どうして日本語を勉強しているんですか。

    B：私は日本のアニメやマンガが大好きですから、日本語を勉強しています。

2. A：台湾人　B：日本人

    A：すみません。日本の方ですか。

    B：はい。アイちゃんに会いに大阪から来ました。

    A：わざわざ大阪から、すごいですね。

    B：いえいえ。日本語が上手ですね。

    A：アイちゃんと話したいから、日本語を勉強しています。

3. A：日本人　B：台湾人

    A：この歌、知ってる？

    B：あ、聞いたことある。ドラマの主題歌だっけ？

A：歌詞がいいんだ。

B：ヘー、歌詞の意味、知りたいなあ。

4. A：台湾人　B：日本人

A：先生、私、将来日本に留学したいんです。

B：そうなんだ。日本で何を勉強したいの？

A：んー、わからないんですけど。

B：何に興味があるの？

A：えーと、日本のファッションが好きです。

B：そうですか。じゃ、今は一緒に日本語を頑張りましょう。

「語句と表現」

友達を作る・友達とおしゃべりする・メールを読む・ゲームをする・日本へ留学する・日本へ旅行する・バラエティ番組を見る・アイドル・声優のことを知る・ネットショッピング・もう一つ・外国語を学ぶ・キャラクターのグッズ・着物の帯・気に入っている・世界中・宝物・探す

「やってみよう」

活動一：「詢問朋友學日文的動機」

例：

A：どうして日本語を勉強していますか。

B：日本人の友達とおしゃべりしたいからです。A さんは。

A：私もです。（or. 私は日本のマンガを読みたいからです。）

活動二：「分享我的日本經驗」

例 1：

・これは私の好きなキャラクターのグッズです。

・小学生の時、東京で最初の一個を買いました。

・今、全部で２０個あります。

例 2：

・これは京都で撮った写真です。

・着物の帯はきつかったけど、日本人になった気分でした。

・お寺で撮った写真はとても気に入っています。

例 3：

・これは私（わたし）の好（す）きな<u>ゲーム</u>です。

・いろいろなキャラクターが選（えら）べます。

・世界中（せかいじゅう）の人（ひと）と一緒（いっしょ）に宝物（たからもの）を探（さが）します。

「読（よ）んでみよう」

私（わたし）はなぜ日本語（にほんご）を学（まな）ぶのか

英語（えいご）、中国語（ちゅうごくご）、日本語（にほんご）、フランス語（ご）、ドイツ語（ご）、スペイン語（ご）、韓国語（かんこくご）など、世界（せかい）には本当（ほんとう）にたくさんの言語（げんご）があります。中（なか）でも、日本語（にほんご）は 1 億（にほんご いちおく）2000 万人以上（まんにんいじょう）の人（ひと）が話（はな）す言語（げんご）です。世界中（せかいじゅう）で話（はな）されている言語（げんご）の中（なか）で、10 番目（じゅうばんめ）に多（おお）いです。

私（わたし）が日本語（にほんご）を勉強（べんきょう）する理由（りゆう）は 3 つ（みっ）あります。

1. 日本（にほん）のことを知（し）る

私（わたし）は日本（にほん）の本（ほん）やインターネット、テレビ番組（ばんぐみ）などで日本（にほん）の情報（じょうほう）を集（あつ）めたいです。

2. 文化（ぶんか）について学（まな）ぶ

外国語（がいこくご）を学（まな）ぶと、その文化（ぶんか）も知（し）ることができます。そして自然（しぜん）に自分（じぶん）の文化（ぶんか）と比（くら）べることができるから、自分（じぶん）の文化（ぶんか）についてももっとよく分（わ）かります。

3. 新（あたら）しい人（ひと）と出会（であ）う

これが一番大切（いちばんたいせつ）です。日本語（にほんご）ができれば、日本人（にほんじん）と友達（ともだち）になる機会（きかい）が多（おお）くなります。

Unit 2　私の休日

「聞いてみよう」

1. A：日本人　B：台湾人

A：台湾の中学生は、週末も勉強してるの？

B：私は家でゲームをしたり、友達と買い物に行ったりしてる
　　よ。

A：あ、僕とだいたい同じだ。

B：学校の宿題は、放課後に学校でするから、家ではあまりし
　　ないんだ。

A：どんなゲームをするの？

B：オンラインゲームだよ。

A：僕はスマホのゲームをよくするよ。

2. A：日本人　B：台湾人

A：もしも〜し。

B：あ、田中さん、こんにちは。どうしたの？

A：いや〜、休みで暇だからおしゃべりしようかなと思っ
　　て……。

B：ごめ〜ん、今日は父の日だから、ちょっと忙しいんだ。

A：何かあるの？

B：これからおじいちゃんおばあちゃんも一緒に家族で外食するんだ。

A：そっか。じゃあ、また今度話そうね。いってらっしゃ～い。

3. A：台湾人　B：日本人

A：来月、西門駅の近くでコスプレのイベントがあるの、知ってる？

B：え、林君、コスプレするの？

A：僕はやったことないんだけど、一度見てみたいなと思って……。

B：私も見てみたい。じゃあ、みんなで行ってみようよ。

A：うん、行ってみよう。

4. A：台湾人　B：日本人

A：そろそろ夏休みだね。何か予定がある？

B：実は、楽しみにしてることがあるんだ。

A：え、なになに？

B：韓国のアイドルのコンサートが東京であって、それに行くんだ。

A：本当？私も行くよ！

「語句と表現」

遅くまで寝る・音楽を聴く・洗濯をする・家事をする・買い物を
する・テレビを見る・料理をする・ペットの散歩をする・スマー
トフォン・ゲームをする・外食する・出かける・ハイキングに行
く・試合を見る・コンサート・ゲームをしたり、買い物に行った
りする・コスプレ・楽しみ・夏休み・冬休み・春休み・浴衣を着
る・アルバイトをする・印象深い

「やってみよう」

活動三：「難忘的寒暑假」

例2：

・印象深い休みのことを教えてください。

・いつですか。

・どこへ行きましたか。

・誰と行きましたか。

・何をしましたか。

・どうでしたか。

「読んでみよう」

忘れられない夏休み

　夏休みに日本へ行きました。初めて日本のお祭りを見ました。これはお祭りで食べたかき氷と焼きそばです。おいしかったです。お祭りでは盆踊りにも参加しました。最初は緊張しましたが、みんなと一緒に踊ることができて楽しかったです。

　花火大会にも行きました。人がたくさんいました。花火は本当にきれいでした。その日は浴衣を着ました。ちょっと暑くて、苦しかったけれど、また着たいです。

Unit 3　私の住んでいる所

「聞いてみよう」

1. A：台湾人　B：日本人

（日本人が持ってきた写真を見ながら）

A：これは富田さんの家ですか。

B：はい。家の庭で撮りました。

A：庭があるんですか。いいなー。

B：葉さんの家は？

A：私はマンションです。台北では庭がある家に住んでいる人
　　は少ないです。

B：そうなんですか。確かに、高いビルがたくさんあります
　　ね。一戸建てはあまり見ませんね。

A：い、いっこだて？

B：マンションではなく、一つの建物に一つの家族が住んでい
　　る家のことです。

A：いいなー、一戸建て。私も庭がある一戸建てに住んで、大
　　きな犬を飼いたいです。

2. A：台湾人　B：日本人

A：沢田さん、日曜日私の家の近くでお祭りがあるんですが、一緒に行きませんか？

B：はい、ぜひ行きたいです。どんなものがあるんですか。

A：「布袋戲」という人形劇や、「歌仔戲」という台湾のオペラがあります。

B：へー。楽しみ。

A：よかった。じゃあ、5時に駅の2番出口で会いましょう。

B：はい、5時ですね。お祭りは何時からですか。

A：6時からです。夜市もありますよ。

3. A：台湾人　B：日本人

（Skypeで）

A：あれ？なんだか部屋がきれいになったね。

B：あ、気づいた？散らかってたけど、テストがあったから。

A：えー？どうしてテストがあると、部屋がきれいになるの？

B：テストがあると、机や本棚を整理したくなるんだ〜。

A：そうなんだ。テストはどうだった？

B：あ、それは……、あはは〜。

4. A：台湾人　B：日本人

（道端で）

A：どうしましたか？

B：すみません。このお寺に行きたいんですけど……。

A：この道をまっすぐ行くと、公園があります。そこを右に曲がって、少し行くとありますよ。

B：わかりました。ありがとうございました。

A：いえいえ。

「語句と表現」

庭・駅・マンション・住む・出口・人形劇・オペラ・一戸建て・二階建て・本棚・整理する・犬を飼う・右に曲がって・〜について紹介する・場所・台湾で一番〜・散らかっている・ポスター・広い部屋がほしい・田舎・運動する・新幹線に乗る・バス停・スーパー・コンビニ・不便だ・犬の散歩・車で送ってくれる・自然が豊かなところ

「やってみよう」

活動二：「猜猜是誰家」

例 2 ：

私の部屋です。この写真は先週撮りました。いつもは散らかって
いますが、先週きれいに掃除しました。

姉と一緒に使っているのでちょっと狭いです。私はもっと広い部
屋がほしいです。

「読んでみよう」

私の町

　私は台中の田舎に住んでいます。家は二階建てで、庭がありま
す。近くにコンビニや伝統的な市場があります。買い物に便利で
す。

　家の近くに大きな公園があります。朝と夜は犬の散歩をしてい
る人がたくさんいます。運動している人もいます。

　しかし、駅までは遠いです。新幹線に乗るとき、いつも家族が
車で送ってくれます。ちょっと不便ですが、とても自然が豊かな
ところなので、この町が大好きです。

Unit 4　日本人留学生がやってくる

「聞いてみよう」

1. A：日本人大学生　B：台湾人

   A：初めまして。太田恵です。神奈川県出身です。台湾へ来た
   のは初めてです。よろしくお願いします。

   B：初めまして。私はツァイです。

   A：ツァイさん？

   B：この漢字です。

   A：あ、蔡さんですか。

   B：はい。台南出身です。よろしくお願いします。

2. A：台湾人　B：日本人大学生

   A：台湾の食べ物で、何が好きですか。

   B：そうですね。果物が好きですね。マンゴーとかパパイヤが
   好きです。水餃子もおいしいですね。

   A：日本でも水餃子をよく食べますか。

   B：いいえ、あまり食べません。日本の餃子は焼いたものが多
   いです。

3. A：日本人大学生　B：台湾人

A：台湾の高校生の間で流行っていることは何ですか？

B：うーん、ＳＮＳに写真や動画を投稿することです。

A：へー！日本の高校生と同じですね。

B：あの、太田さんと一緒に写真を撮って、ＳＮＳに投稿してもいいですか？

A：一緒に写真を撮るのは大丈夫ですよ。でも、ＳＮＳはちょっと……。

B：はい、わかりました。

4. A：台湾人　B：日本人大学生

A：台湾の生活はどうですか。

B：台湾の人たちはみんな親切だし、食べ物もおいしいし、毎日楽しいですよ。

A：そうですか。何か困ったことはありますか。

B：えっと、ゴキブリが大きいですね。びっくりしました。

A：私もゴキブリは怖いです。

「語句と表現」

～出身・マンゴー・パパイヤ・水餃子・大丈夫・流行っている・動画を投稿する・ゴキブリ・怖い・困ったこと・YouTuber・

クリスマス・パーティー・招待（しょうたい）・左側（ひだりがわ）・プレゼント交換（こうかん）・用意（ようい）・スカートを履（は）く・給食（きゅうしょく）・メイクをする・ピアスをする・髪を染（かみ）（そ）める・オートバイ・運転（うんてん）・親（おや）・送（おく）り迎（むか）え・シャーペン・ボールペン・ハンカチ・お弁当（べんとう）を温（あたた）める・不思議（ふしぎ）だ・おすすめ

「やってみよう」

活動一：「製作邀請卡」

例1：

日台交流会（にったいこうりゅうかい）へのご招待（しょうたい）

佐藤（さとう）さんへ

　始（はじ）めまして。私（わたし）たちはＡ高校（エーこうこう）の２年生（にねんせい）です。授業（じゅぎょう）で日本（にほん）語を勉強（ご）（べんきょう）しています。日本（にほん）の留学生（りゅうがくせい）の方（かた）とおしゃべりがしたいので、交流会（こうりゅうかい）を開（ひら）こうと思（おも）っています。ぜひ来（き）てください。楽（たの）しくおしゃべりしましょう。

日時（にちじ）：２０１９年（にせんじゅうきゅうねん）１２月（じゅうにがつ）１日（ついたち）１５時（じゅうごじ）〜１７時（じゅうしちじ）
教室（きょうしつ）：Ａ高校（エーこうこう）パソコン教室（きょうしつ）
集合場所（しゅうごうばしょ）：Ａ高校校門（エーこうこうこうもん）
集合時間（しゅうごうじかん）：１４時（じゅうよじ）５０分（ごじゅっぷん）
テーマ：台湾（たいわん）と日本（にほん）を比（くら）べよう

Ａ高校（エーこうこう）２年（にねん）３組一同（さんくみいちどう）

例2：

クリスマスパーティーへのご招待

山田さんへ

　お元気ですか？

　この前の交流会ではありがとうございました。

　来月、クラスのみんなでクリスマスパーティーをします。
山田さんもぜひ来てください。楽しみにしています。

日時：１２月２５日１３時〜

場所：ＡＢＣレストラン

（ＭＲＴ士林駅２番出口を出て、左側にあります。）

持ち物：クリスマスプレゼント

プレゼント交換をします。

１５０元くらいのプレゼントの用意をお願いします。

連絡先：123@email.com

Ｂ高校１年2組一同

活動二：「問問留學生」

例：

「食べ物について」、「アニメについて」、「学校について」、
「趣味について」。

・好きなラーメン屋さんはありますか。

・おすすめのアニメはありますか。

・どんなクラブに入っていますか。

・好きな日本の YouTuber はいますか。

活動三：「問問日本人」

例：

・日本人の中学生や高校生は冬でも短いスカートを履くんです
　か。

・毎日クラブ活動がありますか。

・日本の給食はおいしいですか。

・朝ご飯は何を食べますか。

・夜市がありますか。

・放課後、みんな塾へ行きますか。

活動四：「問問台灣人」

・どうして冬でもサンダルを履くんですか。

・どうしてオートバイが多いんですか。

・バスの運転は怖くないですか。

・学校に来るとき、どうしてそんなに荷物が多いんですか。

・どうして親が学校まで送り迎えをするんですか。

・どうしてテストのとき、シャーペンではなくボールペンで書くんですか。

・台湾の高校では、髪を染めたり、ピアスをしたり、メイクをしたりしてもいいんですか。

・どうしてハンカチを持っていないんですか。

・どうしてみんな昼寝をするんですか。

・どうしてみんなよく勉強するんですか。

・どうしてお弁当を温めるんですか。

「読んでみよう」

日本人留学生のカルチャーショック

　台湾と日本の間には、共通点がたくさんあります。例えば、同じアジアの島国で、地震や台風が多いところです。また、どちらも漢字を使っています。それに、食べ物や飲み物なども似ています。

　しかし、日本人留学生にとって、不思議なこともたくさんあるそうです。例えば、台湾はどこもオートバイが多いことです。そして、バスの運転も荒くて、怖いと言っていました。また、台湾の中高生が学校に持って来るかばんがとても重そうなのを見て、驚くそうです。それから、昼食のお弁当は必ず温めてから食べることや、冬でもサンダルを履いたりすることなどは、日本人にとってカルチャーショックのようです。

　皆さんも外国に行って、何かカルチャーショックを感じたことがありますか。

Unit 5　日本人にインタビュー

「聞いてみよう」

1. A：台湾人　B：日本人

   A：台湾のデザートで何が好きですか。

   B：えっと、黒いゼリーが好きです。

   A：ああ、「仙草」！ゼリーもありますけど、温かい「仙草」
   もありますよ。

   B：へー。あと、ふわふわミルクかき氷、マンゴーのふわふわ
   ミルクかき氷も好きです。

   A：あー、「雪花冰」ですね。台湾の伝統的なかき氷もおいし
   いですよ。

2. A：台湾人　B：日本人

   A：張です。よろしくお願いします。

   B：橋本です。よろしくお願いします。

   A：橋本さんは日本のどこからいらっしゃいましたか。

   B：北海道です。

   A：北海道から台湾まで何時間かかりますか？

   B：4時間半ぐらいです。日本の一番北にあって、冬はたくさ
   ん雪が降りますよ。

A：いつから雪が降りますか。

B：大体11月から4月ごろまでです。

A：そうですか。雪を見たことがないので、見てみたいです。

3. A：台湾人　B：日本人

A：今中さん、名古屋の名物料理は何ですか。

B：そうですねー。いろいろありますが、味噌カツですね。

A：みそかつって、何ですか。

B：味噌カツは、豚カツに味噌をつけて食べます。その赤味噌
　　のタレがおいしいんですよ。

A：へー、食べてみたいです。

B：ほかに、小倉トーストも有名ですよ。

A：小倉？

B：小倉はあんこのことです。トーストにバターを塗ってたっ
　　ぷりあんこをのせて食べます。

A：そうですか。おいしそうですね。

4. A：台湾人　B：日本人

A：木村さんはいつ台湾に来ましたか。

B：一昨日の夜来ました。

A：そうですか。台湾はどうですか。

B：とてもにぎやかですね。皆さん夜遅くまで外で遊んでいるので、びっくりしました。朝も早くから公園で運動する人が多いですね。

A：でも、私は朝は苦手です。ところで、どこのホテルに泊まっているんですか。

B：えーと、台北駅のすぐ近くのホテルです。とても便利ですよ。

A：そうですか。いつ日本へ帰りますか。

B：来週の日曜日です。

A：明日はどこへ行く予定ですか。

B：九份へ行きます。

「語句と表現」

ホテルに泊まる・一昨日・名物料理・味噌カツ・豚カツ・タレ・調べる・何泊・旅行先・印象・泳ぐ・修学旅行・海外・お月見をする・コミュニケーション・お土産・悔しい・見物をする

「やってみよう」

活動一：「最想去的城鎮」

例：

- 林_{りん}さんが一番_{いちばん}行_いきたい町_{まち}はどこですか。
- そこは何_{なに}が有名_{ゆうめい}ですか。
- 名物料理_{めいぶつりょうり}は何_{なん}ですか。
- おすすめのお店_{みせ}がありますか。

活動二：「旅行真好玩」

例：

- いつ行_いきましたか。
- どこへ行_いきましたか。
- 誰_{だれ}と行_いきましたか。
- どこに泊_とまりましたか。
- 何日間_{なんにちかん}でしたか。
- 何_{なに}を見物_{けんぶつ}しましたか。
- 何_{なに}を買_かいましたか。
- 何_{なに}を食_たべましたか。
- 印象_{いんしょう}はどうでしたか。

「読んでみよう」

日本人に聞きました

　日本の毎日新聞（2018/1/27）によると、修学旅行で日本から台湾に来る高校生が増えているそうです。１０年前と比べて１１倍に増え、海外へ修学旅行に行く生徒数全体の四分の一を占めるほどです。台湾は海外修学旅行先のトップとなりました。

　私は修学旅行で台湾に来た山中さんに「台湾はどうですか」と聞きました。山中さんは、台湾の高校生は優しく、交流会が楽しかったと言っていました。その他に、食べ物がおいしいと言っていました。特にマンゴーかき氷がおいしかったそうです。それから、夜市でもコンビニでもお土産が買えるので、とても便利だと喜んでいました。

　「困ったことはありませんか」と聞くと、英語は苦手で、中国語もできないから、うまくコミュニケーションがとれないのがとても悔しいと言っていました。ですから、英語も中国語ももっと勉強したいと言っていました。

Unit 6　Skype を使って交流しよう

「聞いてみよう」

1. A：日本人　B：台湾人

A：王さん、明けましておめでとう。

B：松田さん、明けましておめでとう。わー！着物！きれいだね。とても似合ってるよ。いいなー。私も着物、着てみたいなー。

A：台湾の人はお正月のときに特別な服は着ないの？

B：うん、特別な服は着ないよ。それに、1月1日はいつもと同じだよ。台湾は旧正月なんだ。

A：旧正月？

B：旧暦のお正月のこと。今年は2月だよ。

A：そうなんだ。じゃあ、今日はいつもとあまり変わらないの？

B：うん。今日は休みだけど、明日から学校があるよ。

A：え！1月2日からもう学校へ行くの！？日本は1月7日くらいまで冬休みだよ。

B：いいなー。

2. A：台湾人　B：日本人

A：ごめん、ごめん。おばあちゃんが帰ってきて……。

B：さっき、おばあちゃんと話してたのは中国語ですか？

A：いえ、台湾語です。おばあちゃんは台湾語をよく話します。

B：台湾語と中国語は違いますか？

A：はい。全然違います。

B：すごいですね！中国語、台湾語、日本語、英語ができるんですね。私は日本語しか話せないのに……。

A：そんなことないです。私も英語は苦手ですよ。

3. A：日本人　B：台湾人

A：黄さん、こんにちは！ゴールデンウィークに家族で台湾に行くことになりました。黄さんにも会いたいです。

B：ゴールデン？すみません、もう一度お願いします。

A：ゴールデンウィークです。5月の初めにある1週間ぐらいの長い休みです。

B：いいなー。1週間も休みなんですか。うらやましいなあ。

A：黄さんは4月の始めに連休があったじゃない。

B：そうですね。じゃ、その週末に一緒に遊びましょう。

4. A：台湾人　B：日本人

A：ねぇ、かなちゃん、今、時間大丈夫？

B：うん。どうしたの？

A：実は両親とけんかしちゃって……。

B：え！けんか！？

A：台中の友達の家へ行きたいって言ったら、だめって言われたんだ。

B：そうなんだ。どうして？

A：子どもだけで行くのは危ないって。

B：うーん、そうかな？それは日帰り？それとも、友達の家に泊まるの？

A：うん、泊まりたいんだ。

B：台中なら朝行って、夜帰ってくることができるんじゃない？

A：でも、久しぶりに会うから、ゆっくり話したいんだ。

B：そっか。難しいね。

「語句と表現」

旧正月・変わらない・全然違う・けんかする・日帰り・ゴールデンウィーク・うらやましい・連休・流れ・映像・季節・〜によっ

て違う・元気に成長する・願う・体育の日・オリンピック・祝日・
休日・恥ずかしい・除夜の鐘・仏教・習慣・一年を通して・ラン
タンフェスティバル・カウントダウン・厄よけ・豊作・火の粉・
爆音・干支・動物・夜空・爆竹・ロケット花火・大晦日・びっく
りする・迫力・国際的

「やってみよう」

活動二：「台日假日比較」

例：

・5月5日はこどもの日：子供が元気に成長することを願います。

・10月14日は体育の日：1964年、10月10日に東京
オリンピックが始まりました。日本で最初のオリンピックでし
た。毎年、10月の第二月曜日は体育の日です。

活動三：「交換信件」

例1：信函

小原さんへ

　この前の合同授業では、いろいろ教えてくれてありがとうござ
いました。

　日本のことをたくさん知ることができて、とても嬉しかったで
す。台湾の12月31日の夜は、コンサートや花火があってと

てもにぎやかですが、日本の大晦日は静かだと聞いて、びっくりしました。

　１０８回の除夜の鐘の習慣もとてもおもしろいと思いました。私の家は仏教ですが、１０８回の意味を初めて知りました。寒いのに、お坊さんたちは大変ですね。

　とても楽しかったので、また皆さんと交流したいです。これからもよろしくお願いします。

葉佩軒より

例２：影音

　金子さん、こんにちは。台湾の李です。

　この前の遠隔授業ではお会いできて嬉しかったです。私は日本語がうまく話せないから、ちょっと恥ずかしかったです。でも、とても楽しかったです。ぜひ、これからも交流したいです。台湾にも遊びに来てくださいね。さようなら。

「読んでみよう」

台湾のお祭り

　台湾では、一年を通して様々なお祭りが行われます。今回は、特に人気のあるランタンフェスティバルと台北１０１のカウントダウン花火ショーを紹介します。

　まず、ランタンフェスティバルは「燈會」といって、毎年旧暦の１月１５日の「元宵節」（小正月）に行われます。台湾各地でその年の干支の動物の形をしたランタンが見られます。それから、北部の「平溪天燈」もとても有名です。たくさんの人が平溪に来て、願いを書いたランタンを夜空に上げるイベントで、とても美しいです。南部では「鹽水蜂炮（爆竹やロケット花火のお祭り）」、台東では「炮炸寒單爺（勇者に選ばれた一人の男性に向かって爆竹を投げるイベント）」などが行われます。厄よけや豊作を祈るためのお祭りで、見に行く人たちは火の粉や爆音に気をつけながら、みんなその迫力を楽しんでいます。

　そして、毎年 12 月 ３１ 日、つまり大晦日に行われる台北１０１のカウントダウン花火ショーは国際的に有名です。２０１９年には約１万６千発の花火が上がりました。人々はきれいな花火を見ながら、新しい年を迎えるのです。

　台湾には色々なお祭りがあって、どれもとても楽しいですよ。ぜひ皆さんも参加してみてください。

Unit 7　友達と付き合おう

「聞いてみよう」

1.　A：台湾人　B：日本人

A：もうすぐ、降りるよ。バスの前の方に移動しよう。

B：え？でもまだ着いてないよ。

A：でも、次のバス停だから。

B：バス、まだ走ってるよ。揺れてるから、立って歩いたら危ないよ。

A：うん、だから気をつけてゆっくり歩いて。到着したら、すぐ降りないといけないから。

B：へー、そうなんだ。日本のバスと、ちょっと違うね。

2.　A：日本人　B：台湾人

A：ビレイちゃん、今日お誕生日だよね。これ、プレゼント。

B：えっ、私に？

A：うん、お誕生日おめでとう。

B：わー、嬉しい。ありがとう。開けてもいい？

A：どうぞ、開けてみて。気に入ってくれるといいんだけど。

B：あ、かわいい！携帯のカバーだ。ありがとう、大切に使うね。

3. A：日本人　B：台湾人

A：あ、これ、ぜひ食べてみて。日本から持ってきたお菓子なんだけど。

B：日本のポテトチップ？

A：うん。わさび味なんだ。

B：えっ、わさび！？

A：そう。わさび、だめ？

B：うん。実は、私、わさびはちょっと……。

A：あ、辛いの、苦手？

B：辛いのは好きだけど、わさびは……苦手かな？ごめんね。

A：そうなんだ。こちらこそ、ごめんね。

4. A：台湾人　B：日本人

A：こんにちは。実は、今週の週末日本へ行くんだ！

B：え〜、本当？知らなかった。今日は木曜日だから、もうすぐだね。

A：そう！楽しみ〜。ねぇねぇ、土曜日会えない？

B：え！？急だなあ。土曜日は塾とピアノがあって……。

A：そっか……。

B：日曜日なら大丈夫だけど、どう？

A：日曜日は家族とバスツアーに参加するんだ。

B：ごめんね。今度はもう少し早く教えてね。

A：そうだよね。ごめん。じゃ、また今度会おうね。

B：うん。

「語句と表現」

もうすぐ・降りる・移動する・走っている・揺れている・立つ・
歩く・気をつけて・到着・〜と違う・携帯カバー・ポテトチップ・
わさび味・バスツアー・塾・急だ・早く教えて・ごみを捨てる・
食器を片付ける・昼寝をする・9時までに帰る・門限・無断外出
する・話題になっている・詳しい・ポップコーン・約束・確認・
上映・待ち合わせ・メッセージを送る・風邪気味・混んでいる・
しょうがない・お大事に・ルールを守る・注意する・ネット上・
ダウンロード・ログイン・アカウント・著作権・肖像権・見直す

「やってみよう」

活動一：「家規三部曲」

例1：

・毎日ごみを捨てなければならない。

・毎日部屋の掃除をしなければならない。

・食器を片付けなければならない。

・昼ごはんの後、昼寝をしなければならない。

・夜9時までに帰らなければならない。

・門限は9時です。

・アルバイトをしてはいけない。

・無断外出をしてはいけない。

例2：

・「私の家はアルバイトをしてはいけません。門限は8時です。部屋を片付けなければなりません。とても厳しいですが、林さんの家はどうですか。」

・「私の家は厳しくないです。アルバイトをしてもいいです。門限はありません。」

活動二：「考考日本地名怎麼唸」

例：

・友達と浅草へお参りに行った。

・ＪＲ山手線の御徒町駅で降りた。

・道頓堀にグリコの看板があります。

活動三：「邀朋友出遊」

例１：

・どこの劇場で何の映画が上映されているか。

・映画のあらすじは。

・上映時間は一日何回か、何時からの上映がいいか。

・映画館への交通手段、チケットの買い方。

例２：

台湾人：ゆりちゃん、今、信義区のワーナー劇場で『ブラボー！』って映画がやってるんだけど、興味ある？

日本人：『ブラボー！』？それ、どんな映画？

台湾人：日本の映画でね、高校生のブラスバンド部の話なんだけど……。

日本人：あ、知ってる。最近ネットで話題になってるよね。

台湾人：そうそう。とってもおもしろくて、人気があるみたい。
　　　　もしよかったら、今度の日曜日に一緒にどうかな？

日本人：いいね。今週の日曜日は、午前中はだめだけど、午後か
　　　　らは大丈夫だよ。

台湾人：よかった。チケットは、学生割引があるから、たぶん
　　　　２５０元くらいだと思うよ。

日本人：わかった。映画を見る前に、飲み物やポップコーンを買
　　　　いたいな。

台湾人：そうだね。じゃあ、詳しい場所や時間は、後でメッセー
　　　　ジを送るね。

日本人：わかった。ありがとう。

例３：

さっきの映画の約束についてです。確認してくださいね。

４月１７日（日）午後

信義ワーナー劇場（ＭＲＴ淡水信義線象山駅１番出口から歩い
て１０分）

上映時間は 14:00、16:30、19:00 があります。どれがいいですか。

映画館の前で待ち合わせしましょう。

例4

日本人：ねぇねぇ、大晦日は何か予定ある？

　　　　１０１の花火、見に行かない？今年のは特に長いんだって。

台湾人：へー、よく知ってるね。

日本人：一度、生で見てみたいんだ。

台湾人：でもね……、あれは……。

日本人：ＭＲＴは２４時間だから、帰りも大丈夫だよ。

台湾人：でも、すごく混んでて疲れるよ。それに、私、最近風邪気味だからちょっと……。

日本人：そっか。じゃあ、しょうがないね。お大事に。

「読んでみよう」

ＳＮＳを使う時のルール

　Facebook や Instagram などのＳＮＳを使う人が増えました。皆さん、ＳＮＳのルールを守っていますか。

　例えば、誰かの絵や写真をダウンロードして勝手に使ってはいけません。著作権があるからです。著作権違反になると、罰金を払わなければならない時があります。

　また、写真をＳＮＳに載せるときは注意しましょう。肖像権があります。みんなで撮った写真をＳＮＳにアップロードする

ときは、肖像権違反になりますから、先に「載せてもいいですか?」と聞かなければなりません。

　さらに、普段、学校や図書館のパソコンを使うことがありますね。それはみんなが使うパソコンですから、ＳＮＳを使ったあとはログアウトしなければなりません。なぜなら、ログインしたままだと、他の人にアカウントを使われてしまうからです。

　それから、皆さんはインターネット上で知り合った人と会ったことがありますか。ネット上では友達ですが、実際にはその人のことを知らないので、やはり気をつけなければなりません。

　そして、メッセージを送る前はもう一度見直してから送りましょう。友達を傷付けてはいけませんから、相手の気持ちをよく考えてください。

　ＳＮＳは便利で楽しいものですが、法律違反や犯罪事件などに巻き込まれないように安全のためのルールを守りましょう。

Unit 8　取材

「聞いてみよう」

1.　A：日本人高校生　B：台湾人高校生

A：わー！すごい眺め！車があんなに小さいよ。

B：……そっ、そうだね……。

A：あれ？もしかして、イリンちゃん、高いところが怖いの？

B：う、うん。ちょっと苦手……。あまり下は見たくないな。

A：じゃあ、あそこの山、見て。大きくてきれいだから。

B：ああ、あれはね、「陽明山」だよ。

A：「ヨウメイサン」？

B：そう。火山だから、あの近くには温泉もあるよ。

A：火山！？

B：ははは、心配しないで、危なくないから。大きな公園が
　あって、春にはきれいな花がいっぱい咲いてるよ。

A：へー、行ってみたいなぁ。

2.　A：日本人　B：台湾人

A：おはようございます。ここは海星公園です。見てくださ
　い。今はまだ朝の 6 時半ですが、たくさんの人が太極拳
　をしています。こちらは太極拳の先生です。ちょっとイン
　タビューしてみます。

A：おはようございます。

B：おはよう。

A：毎朝何時から太極拳をしていますか。

B：6時からです。

A：早いですね。

B：もう50年くらいやっていますよ。風邪を引いたこともありません。

A：それはすごいですね。

3. A：日本人　B：台湾人

A：わー、広くて、人が多いですね。許さん、あの人たちは何をしているんですか。

B：新住民の人たちです。インドネシアやベトナムの人たちで、台湾に来て働いています。日曜日は広場に集まって、おしゃべりをしているんですよ。

A：へー。

（足音）

A：わー！みんな、ダンスをしていますね。

B：はい。高校生や大学生です。みんな鏡の前でダンスの練習をしているんです。

A：みんな上手ですね。

4. A：日本人　B：台湾人

（交流会で写真を見せながら）

A：孫さん、これはどこの写真ですか。

B：「安平古堡」です。台南にあります。４００年くらい前に
オランダ人によって建てられました。でも今は壁しかあり
ません。

A：へー、この白い所は何ですか。

B：そこは展望台です。そこから街が見えます。安平は古い建
物も多いし、おいしいものもたくさんあるんですよ。

A：そうですか。どんな食べ物が有名ですか。

B：「蝦捲」が一番有名です。

「語句と表現」

取材・眺め・火山・温泉・心配する・太極拳をする・風邪を引く・
インタビューする・新住民・原住民・インドネシア・ベトナム・
鏡・壁・オランダ・人口・面積・首都・湖・公用語・平均寿命・
お寺・ワンタン・なぜ～かというと・統治する・元・戻す・
移す・都会・タバコ・お酒・カルチャースポット・ショップ・
ライブハウス・だんだん・融合する・いたるところ・昔のまま・
引越し

「やってみよう」

活動二：「城市獵名」

例：

・<ruby>昔<rt>むかし</rt></ruby>は<ruby>原住民<rt>げんじゅうみん</rt></ruby>が<ruby>多<rt>おお</rt></ruby>く<ruby>住<rt>す</rt></ruby>んでいました。

・<ruby>山<rt>やま</rt></ruby>や<ruby>海<rt>うみ</rt></ruby>があって、<ruby>観光地<rt>かんこうち</rt></ruby>として<ruby>有名<rt>ゆうめい</rt></ruby>です。

・<ruby>大学<rt>だいがく</rt></ruby>があります。

・<ruby>夜市<rt>よいち</rt></ruby>もあります。

・<ruby>交通<rt>こうつう</rt></ruby>は<ruby>便利<rt>べんり</rt></ruby>ではありません。

・<ruby>有名<rt>ゆうめい</rt></ruby>な<ruby>仏教<rt>ぶっきょう</rt></ruby>のお<ruby>寺<rt>てら</rt></ruby>があります。

・そこの<ruby>料理<rt>りょうり</rt></ruby>は<ruby>野菜<rt>やさい</rt></ruby>が<ruby>多<rt>おお</rt></ruby>く、ワンタンもおいしいです。

→「ここはどこでしょうか」

活動三：「探訪舊日情」

例：

・<ruby>私<rt>わたし</rt></ruby>たちは<ruby>町<rt>まち</rt></ruby>のおじいさんに、<ruby>古<rt>ふる</rt></ruby>い<ruby>新北投駅<rt>しんべいとうえき</rt></ruby>について、インタビューしました。

・これは<ruby>何年前<rt>なんねんまえ</rt></ruby>にできた<ruby>駅<rt>えき</rt></ruby>か<ruby>分<rt>わか</rt></ruby>りますか。<ruby>正解<rt>せいかい</rt></ruby>は<ruby>１９１６年<rt>せんきゅうひゃくじゅうろくねん</rt></ruby>です。<ruby>100年<rt>ひゃくねん</rt></ruby>の<ruby>歴史<rt>れきし</rt></ruby>があります。

・なぜ<ruby>建<rt>た</rt></ruby>てられたかというと、<ruby>北投<rt>べいとう</rt></ruby>は<ruby>有名<rt>ゆうめい</rt></ruby>な<ruby>温泉<rt>おんせん</rt></ruby>の<ruby>町<rt>まち</rt></ruby>で、<ruby>100年<rt>ひゃくねん</rt></ruby><ruby>前<rt>まえ</rt></ruby>に<ruby>台北<rt>たいぺい</rt></ruby>の<ruby>人<rt>ひと</rt></ruby>がよくここに<ruby>来<rt>き</rt></ruby>たからです。しかし、<ruby>来<rt>く</rt></ruby>る<ruby>人<rt>ひと</rt></ruby>がだんだん<ruby>少<rt>すく</rt></ruby>なくなり<ruby>新北投線<rt>しんべいとうせん</rt></ruby>も<ruby>使<rt>つか</rt></ruby>われなくなりました。

・それで、駅が解体され、彰化県に移されました。これはその時の引越しの写真です。

・そして、２０１６年にこの駅は元の場所に戻ってきました。

・古い建物を修復したので、昔のままではありませんが、町の人たちはみんな喜んでいます。

・今は文化施設として、歴史の説明が展示されています。

「読んでみよう」

昔と今

　台湾は１８９５年から１９４５年までの約50年間、日本に統治されていました。ですから都会だけではなく、田舎にもその時代の建物がたくさん残されています。台北でとても有名なのは、総統府、台湾博物館、中山堂などです。

　また、「松山文創園區」の建物は、昔タバコの工場でした。今では、さまざまな芸術作品や商品を紹介するカルチャースポットになっています。

　それから、美術展やイベントの会場として利用されている「華山文創園區」も昔はお酒の工場でした。もう使われなくなった廃墟が今また新しく、カフェ、レストラン、ショップ、ライブハウスなどになりました。ダンスやギターの練習風景なども見られます。

　このように、昔の雰囲気と今の流行が融合した町の風景が、台湾にはいたるところにあります。

國家圖書館出版品預行編目資料

こんにちは 你好 ③ 教師手冊 / 陳淑娟著
-- 初版 -- 臺北市：瑞蘭國際, 2019.08
128面；19×26公分 --（日語學習系列；43）
ISBN：978-957-9138-20-8（第3冊：平裝）
1.日語 2.教材 3.中小學教育
523.318   108010531

日語學習系列 43

こんにちは 你好 ③ 教師手冊

作者｜陳淑娟
編撰小組｜廖育卿、彥坂はるの、芝田沙代子、田中綾子、山本麻未、今中麻祐子、鍾婷任
責任編輯｜葉仲芸、楊嘉怡、王愿琦
校對｜陳淑娟、廖育卿、彥坂はるの、葉仲芸、王愿琦

日語錄音｜後藤晃、彥坂はるの、芝田沙代子
錄音室｜采漾錄音製作有限公司
封面設計｜陳盈、余佳憓、陳如琪・版型設計、內文排版｜陳如琪
美術插畫｜吳晨華

瑞蘭國際出版
董事長｜張暖彗・社長兼總編輯｜王愿琦
編輯部
副總編輯｜葉仲芸・副主編｜潘治婷・文字編輯｜林珊玉、鄧元婷
特約文字編輯｜楊嘉怡
設計部主任｜余佳憓・美術編輯｜陳如琪
業務部
副理｜楊米琪・組長｜林湲洵・專員｜張毓庭

出版社｜瑞蘭國際有限公司・地址｜台北市大安區安和路一段104號7樓之1
電話｜(02)2700-4625・傳真｜(02)2700-4622・訂購專線｜(02)2700-4625
劃撥帳號｜19914152 瑞蘭國際有限公司・瑞蘭國際網路書城｜www.genki-japan.com.tw

法律顧問｜海灣國際法律事務所　呂錦峯律師

總經銷｜聯合發行股份有限公司・電話｜(02)2917-8022、2917-8042
傳真｜(02)2915-6275、2915-7212・印刷｜科億印刷股份有限公司
出版日期｜2019年08月初版1刷・定價｜200元・ISBN｜978-957-9138-20-8

本書採用環保大豆油墨印製